銭静怡著

戦国期の村落と領主権力

吉川弘文館

目次

序章　研究史の整理と本書の課題

はじめに

応仁元年（一四六七）に勃発した応仁・文明の乱をきっかけに、日本は戦国期を迎えることになった。一〇〇年ほど続いたこの時期は一般に日本史上の大きな転換期といわれるが、従来その歴史的位置づけや転換の意義が注目され、政治史、制度史、社会構成史などさまざまな視角から研究がなされてきている。本書はこの時期に注目し、主に村落と領主権力（戦国大名）[1]との関係の再検討を課題とするものである。

周知のごとく、鎌倉後期に荘園制の内部から発生した惣または惣村と呼ばれる村落は、室町期を通じて各地で発展し、戦国期に入ってから、次第に自律的・自治的な性格を強めていく。一方、応仁・文明の乱以降、領域的な支配体制を構築する戦国大名が各地で成長していく。戦国大名にとって、村落支配が領国支配の重要な課題の一つとなったのである。

このように、戦国期における村落と領主権力との関係は、この時期の時代像・社会像・権力像などを考える上で重要な課題であり、大名権力論や村落論などそれぞれの立場から、議論がなされてきたといえる。

本章では、戦後から現在にかけての関連する研究史を整理しつつ、その成果と問題点を検討したい。予め断っておきたいが、戦国期の大名権力についても村落についても、戦後から現在に至るまで厖大な研究蓄積があるため、本章では、主に、両者の関係に関わる議論に限定して整理を行いたい[2]。研究史の整理を踏まえた上で、本書の視角と課題を明確にしたいと思う。

一　戦後から一九七〇年代までの研究史

戦後から一九七〇年代までの日本中世史研究においては、マルクス主義歴史学の導入に伴い、歴史を社会構成史の観点から総体的に把握しようとする視角が研究の主流であった。大名権力論では、大名による村落支配体制の構築、特にその支配の貫徹度が、村落論では、村内部の階級対立など村落の構造や所有関係が、それぞれ大きな関心を集めた。そのような文脈に沿って両者の関係像が描出されたが、その議論の中で、大名権力と村落との間に位置する中間層もまた大いに注目されたといえる。

1　畿内惣村研究

この時期において村落研究で大きな成果をあげたのは、畿内惣村をめぐる検討である。前述したように、鎌倉後期から畿内とその近辺を中心に惣村が現れ、室町・戦国期を通じて各地に広がっていく。そのため、早い時期から畿内惣村を中心に研究が行われ、分厚い研究成果が蓄積されている。

まず、惣村研究の代表として石田善人氏の研究があげられる。氏は惣村の概念や指標を明確に提示した。具体的には、惣村は、①惣有地等惣有財産を保有し、②年貢の地下請を行い、③惣の掟を定め、地下検断（自検断）を行う、という三つの基本的な指標でとらえられている。さらに、氏は惣村の発展段階を二つに分け、鎌倉的惣結合である

「惣庄」から、室町的惣結合である「惣村」への発展ととらえようとする。「惣庄」がきわめてルーズな共同体であり、段階的には農業共同体の最後の段階であるのに対して、「惣村」は上記の三つの指標を持つ強固な共同体規制を有し、自治的色彩が顕著な封建的村落共同体であったとする。(3)

石田氏が提起した惣村の指標は、その後の研究に基本的に受け継がれているが、惣荘から惣村へという段階論に対して、その後の議論は二重構造論として展開されていった。すなわち、中世後期の村落は、惣庄―惣村（仲村研氏）、あるいは惣郷―惣村（峰岸純夫氏・村田修三氏）という二重構成としてとらえるべきであるという。(4)論者の一人村田氏は、「百姓の地域結合組織は一般に惣郷と惣村の二重構成をもつ。小百姓の成長によって生産と日常生活の場としての単位村落（垣内的集落）が形成され、土豪・一般農民の結合である惣村の組織をもつ。その上に土豪層の連合組織の性格の強い惣郷が形成される」と両者の関係をまとめた上で、この二重構成の形成については、惣郷の前身である惣庄の地域の中に惣村が生まれる形と、惣村が結びあって惣郷を形成する形との二つがあったと指摘する。(5)

以上の二重構造論からもうかがえるように、この段階の惣村研究は、村落内部の階層構造・階級関係を重視する。右にあげた研究以外にも、たとえば、三浦圭一氏は、惣村をめぐる階級と身分の問題を検討した上で、厳しい内部矛盾を孕むがゆえに、惣村の自治はあくまでも限界性のある「自治」だと指摘した。(6)このように惣村の自治の限界性を重視する点は、当時の惣村研究者に共通している。

2　中間層論の展開―「小領主」論と「地主」論

以上の惣郷（惣庄）―惣村の二重構造論からもうかがえるように、村落の上層に位置する階層の地位と動向は村落を理解する上で重要である。領主権力と村落との間に位置し、領主階級とも村落の一般百姓とも区別されるため、中間層として位置づけられるこの階層は、研究者により土豪・地侍などとも呼ばれる。彼らの動向をどうとらえるかは中世後期社会を考える上でも重要な問題であり、中間層論として展開されていった。

一九七〇年代までの中間層論は、中間層の階級規定や、彼らが所持していた加地子取得権の性格を中心に議論が展開されており、具体的には小領主論と地主論に分けられる。

まず、中間層を小領主ととらえる小領主論としては、大山喬平氏[7]・村田修三氏[8]などの研究があげられる。そこでは、中間層の土地集積は「封建的土地所有」と規定され、彼らの基本動向については、領主化の志向を強め、戦国大名と被官関係を結ぶことにより、支配階級になっていくものとしてとらえられている。[9]

一方、この中間層を地主概念でとらえたのが、峰岸純夫氏[10]・藤木久志氏[11]等である。そこでは、中間層の土地集積は「地主的土地所有」と規定され、村落への土着化が彼らの基本動向ととらえられ、彼らが結集して、在地剰余（地主権）を保障する体制が作られたとする。さらに、中間層の二面性が注目される。すなわち、地主層は戦国大名と対立する一面があると同時に、私的隷属性を伴う従属小作制を拡大・強化する方向性を持っており、惣の百姓と対立する一面もあるという指摘がなされた。

3　村落と領主権力（戦国大名）との関係

池上裕子氏も指摘するように、小領主論と地主論は、戦国期の村落と中間層に正反対の位置づけを与えようとしているといえる。[12]したがって、それぞれの視点に基づいて描かれる村落と領主権力との関係像も異なったものとなる。すなわち、小領主論は、中間層の領主権力への被官化を重視するため、それによって領主支配が村落に浸透し、惣村は解体されることになるという図式で、村落と領主権力との関係をとらえようとする。

この視点はその後の永原慶二氏等の戦国大名領国制論の中に継承されている。永原氏は戦国大名が典型的に成立した地域について、戦国大名が村落上層に知行を宛行う一方、軍役を負担させることで小領主として編成し、彼らを媒介として、支配を村落に浸透させたと論じた(13)。

また、畿内近国の惣村についても、前述したように、惣村内部の階層矛盾を重視するため、惣村の自治を限定的にとらえようとする傾向があり、領主権力との関係については、大名領国の展開に伴う惣村自治の崩壊論が主流であった(14)。

一方、地主論は、池上氏が指摘したように、戦国期における農民闘争の存在を重視する。地主は村落結合の中心となって戦国大名と対立し、この地主・村落と戦国大名との対立が戦国大名権力に規定性と矛盾を与えていると主張する。

4 小　括

以上のように、戦後から一九七〇年代にかけて、社会構成体論の視角に基づいて、大名権力と村落について研究が進んでいったが、そこには問題も孕まれていた。本書の課題に関わる村落と領主権力との関係に限ってみれば、以下のような問題が存在するといえる。

すなわち、小領主論や戦国大名領国制論では、領主権力による上からの秩序形成・統合という視角が重視され、在地支配の貫徹度が議論の中心であった。そのためそこで描かれた関係像は、領主専制・強圧というものになり、村落がなぜ領主権力の支配を受け入れたのかという領主支配の正当性や被支配者の同意といった問題の解明が遅れることとなった。また、その視角により、中間層が小領主として領主権力の末端に位置づけられたため、そこから中間層の独自の位置づけや動向が見えてこない点も問題といえよう。

一方、地主論は、中間層の持つ二面性を指摘する。それは、中間層が領主権力との間でも、村落内部の一般百姓との間でも矛盾した関係にあるということである。この視点は評価されるべきであるが、中間層の基本動向を土着化として認識するため、彼らの領主化・被官化の問題を理論の中に整合的に位置づけていないといえる。また、こうした村落上層を地主の概念で理解してよいかも疑問である。

二　一九八〇年代以降の研究史

社会構成体論に基づく研究は、七〇年代後半に停滞傾向を示すようになる。そこで、それへの反省を踏まえた上で、一九八〇年代に入ると、新たな研究視角が提示されていく。

1　「村町制」論の提起と「移行期村落論」の展開

まず、あげられるのは勝俣鎮夫氏の研究である。勝俣氏は戦国期を日本史上の大きな転換期とし、その転換の意義として荘園制から村町制への移行があったことを論じた。すなわち、戦国期は、百姓たちがみずから作り出した自律的・自治的性格の強い村や町を基礎とする社会体制、いわゆる「村町制」の体制的形成期であった（近代への出発点）とする。また、通説では、近世権力が支配のために上から政治的に編成したとされていた村請制については、一五世紀の惣村の農民の達成ととらえる。以上の諸論点より、勝俣氏は中近世の連続性を見出そうとする。(15)

この勝俣氏の研究を受けて、それまで地主論の立場であった藤木久志氏は「移行期村落論」を展開し、分析の射程を中世から近世末まで延ばしながら「自力の村」像を精力的に描いていく。

藤木氏は村落間の紛争解決の過程を分析することによって、「自力の村」の姿を見出し、中世後期の村が自力救済の主体としての地位を社会的に確立していたとする。また、氏は、従来中世史研究・近世史研究ともに主流であった、豊臣政権によって中世村落の自治が否定されたとする見方に対して、豊臣政権による「刀狩令」は百姓の武装解除や村の武器の廃絶を目指したものではなく、百姓の武装権を凍結し、刀による流血慣行の惨禍から百姓を解放することを目指していたとし、中世村落の自力救済の慣習は近世にも存続したと強調する。さらに、近世村落の村請制は、幕藩領主によって新たに作られたものではなく、戦国期の村落の仕組みを受け継いだものであるという[16]。

このように、勝俣氏と藤木氏の研究により、戦国期の村落は高度に政治的、社会的な団体としてとらえられるようになった。藤木氏によれば、戦国期の村の本質は「生命維持の装置、つまり生き延びるための仕組み」であるとされる。

以上のような視角の登場によって、七〇年代まで重視された村落内部の階層構造の問題は議論の枠外となり、自力の村対領主という図式で議論が展開されていったといえる。そのため、村落と領主権力との関係像も、それまでとはまったく異なる姿が描かれるようになった。

2　村落と領主権力との関係

藤木氏がみずからの移行期村落論の分析視角を〈領主・農民関係〉論から、〈自力の村対領主〉論へ移したと述べたように、自律的村落論に基づいて描かれる村落と領主権力との関係は村を主体としたものである。つまり、領主と村人との関係は個別的な主従関係ではなく、村請的な関係、いわゆる集団的契約関係で結ばれているという。さらに、藤木氏は勝俣氏の研究に学んで「中世の領主と百姓はもともと互換的・双務的な関係にあり、大名領主には国民への保護義務つまり危機管理の責務があり、それを果たすかぎりで絶対的支配権を主張しえたという（勝俣氏の──筆者註）指摘は、ことのほか重要である」とし[17]、保護義務と絶対的支配権とは表裏一体のものであって、領主が義務を果たす限りにおいて絶対的支配権が容認されるという関係になるという[18]。

3 小括

坂田聡氏が指摘するように、一九八〇年代以降展開された戦国期の村落論は、七〇年代までの「階層構造論」と対比して、「社会集団論」と名づけられる[19]。すなわち、七〇年代までは、階級や所有論から議論が展開されているため、それにより描かれる村落像は理論に基づいた抽象的で、画一的なイメージのものとなってしまう。一方、八〇年代以降の研究は、村の武力行使などの問題を中心に、村が百姓たちの独自の生命維持装置として持っていた多様な機能と活動を具体化することによって、村落像を豊かにしたといえよう。

また、戦国期の歴史的位置づけ、いわゆる中世から近世への移行の問題については、それまでの断絶論とまったく異なる視点が提示されるようになった。すなわち、一九五〇年代の安良城盛昭氏の「太閤検地封建革命」説が、戦国期と豊臣政権期の間に政策基調においても社会構成体においても大きな断絶があるとし、その断絶論が中世史と近世史両方に大きな影響を与えていた[20]。これに対し、「村町制」論と移行期村落論の提示は、一五～一七世紀を中世から近世への移行期と設定し、村の自立性という視角から、中近世を連続的にとらえようとする研究であり、それまでの研究状況に大きな転機をもたらしたといえる。

しかし、八〇年代以降の研究の問題点も見逃してはならない。まず、百姓や中間層が村と等しいものとして村に置き換えられたため、七〇年代まで重視された村落内の階層間の矛盾の問題が軽視され、村落像が一枚岩的に描かれるようになった。それゆえ、領主と個人との主従関係の問題も議論から外れることになる。

また、村落と領主権力との関係を村請的・集団的契約関係ととらえる視点の背後には、自治的村落共同体としての村と村請がすでに成立していたという発想があると思われる。しかしはたして、この段階において、自治的村落共同体が均一的に成立していたであろうか。

さらに、村落と領主権力との関係について、移行期村落論がもっとも重視するのは領主の責務という問題である。そこでは、支配・搾取関係が、保護に対する課役奉仕という保護・被保護の相互「契約」的関係としてとらえられている。確かに、一九七〇年代までの研究には、領主の搾取的側面を強調する傾向があり、支配の正当性や被支配者の同意への視角が欠落しているといえる。しかし、その問題を「契約」の概念で位置づけ、領主支配を相対化してよいであろうか。池享氏は「自発的意志に基づくことなく、身分制的に義務づけられ、破棄の自由のない課役の納入『契約』を、近代的契約概念に結びつけて位置づけようとするのは、かえってその歴史的特徴を曖昧化する結果とならないだろうか」とその問題を指摘している(21)。

三　一九九〇年代以降の研究史

一九八〇年代半ばに提起された移行期村落論をきっかけに、地域社会の具体的な秩序編成を解明する視角が重視されるようになった。それは、いわゆる地域社会論の提起であり、その視角は一九九〇年代以降の研究潮流となって、現在に至っている。階級や所有など、従来重視されていた抽象的な概念ではなく、具体的に存在する諸社会集団の活動の場としての地域に焦点をあてた、実体的な社会秩序の解明を重視する方法・視角である[22]。
地域社会論のもと、中世後期の村落の多様な活動を解明する研究がいっそう進行していく中で[23]、地域社会に即してそれら中間層を身分的にとらえようとする議論、いわゆる「侍」身分論が提起、展開されるようになった。

1 中間層論の新たな展開―「侍」身分論

一九八〇年代の研究の問題点としてまとめたように、藤木氏の「自力の村」論に対しては、村落内部の階層矛盾を重視せず、村落上層は村の共同利害のために働き、村は一枚岩の団結を維持したという牧歌的な村落像であるとの批判がなされた[24]。これに対して藤木氏は、「『村内の階層矛盾』を重視し、『領主権力の存在理由』を強調するといえば、かつての土一揆敗北論がたどった『もと来た道』そのものではないか」と批判した[25]。

しかし、その回答によって、階層構造への視点の欠落という「自力の村」論の問題が解決されたわけではない。特に、村落上層が上級権力と被官関係を結ぶ現象は、藤木説の枠組みでは説明がつかない。そこで、稲葉継陽氏は、自律的村落論に対応する中間層論、いわゆる「侍」身分論を提起・展開し、自律的な村落共同体の成員としての中間層が果たした役割を最重要の課題として追究するようになる。

稲葉氏は、村落の側から村落上層と既成武士団との被官関係をとらえなおそうとする。そこで氏は村落上層を従来のように、大名の「被官に組織される」「主従制に編成される」受動的な存在として把握するのではなく、村落側のヘゲモニーによる被官主の選択という、村落側の主体的契機を重視して、従来いわれている「小領主」を、村落の横断的身分階層を構成する「侍」身分として検討するという方法を採用している。その方法に基づいて、村の「侍衆」は村落における一種の共同体内分業を担いながら、既成武士団と村落との主従関係の接点にあって、その立場から村落の再生産に政治的に寄与する存在として描かれる。こうした「侍衆」は、村落およびその連合としての地域社会の再生産のために、多様な機能—荘園領主支配への抵抗、武力の保持と発動、貨幣運用、領域治安・用水・信仰施設の維持など—を果たしていたという(26)。

稲葉氏の研究対象は主に畿内近国だが、稲葉氏の研究を受けて、黒田基樹氏は、中間層を「土豪」と規定した上で戦国大名が典型的に成立した地域(北条氏領国)を中心に、土豪層の大名北条氏への被官化の意味を検討し、その地域においても土豪層は村落再生産のために被官化したと主張する(27)。

また、長谷川裕子氏も、土豪が持つ村落再生産のための機能という視点から土豪論を展開している。そこで、土豪の融通(融資)機能が注目されるが、それは村請の維持や村の成り立ちを支えるものであると強調し、土豪は上昇志向も支配の志向も持たず、土豪による百姓の被官化は百姓の保護を目的とした行為であったとして、百姓や村の擁護者として土豪を位置づけようとしている(28)。

このように、自律的村落論に対応する中間層論は、中間層の運動方向を領主化に求める小領主論や、地主としての地域的連合の形成を重視する地主論など、七〇年代までの中間層論とは異なり、村落の一員として共同体内分業を担う一面を重視する議論となっているといえる。

2　村落と領主権力との関係

以上見てきたように、一九九〇年代に入ってからも、藤木氏の移行期村落論が強い影響力を持っているといえよう。そのため、この段階においても、村落と領主権力との関係を考える際には、村落論からのアプローチが重視されている。たとえば、黒田基樹氏は藤木氏の領主危機管理論を受けて、大名権力を村落論の視座から位置づける必要性を強調し、「自力の村」論・村請制論を前提に、従来とは異なる新しい戦国大名像を展開しようとする。そこで氏は、戦国大名権力のあり方は村請制に規定されており、年貢・公事などの徴収が村請によって実現されたとする。大名の政策は村落の再生産のために出されており、戦国大名を村の成り立ちをはかる権力としている(29)。

3 小　括

以上のように、一九九〇年代以降、地域社会論の展開に伴って、藤木氏の視点を受け継いだ村落論がいっそう進展したが、中世後期の村落の多彩な活動の解明や、「侍」身分の提起など多くの成果を収めているといえよう。

しかし、これらの進展によって、移行期村落論に内在する問題が解決されたかというと、必ずしもそうではないと思われる。たとえば、前述したように、中間層の身分規定として提起された「侍」身分論は、その身分形成の契機について、社会の中からの自生的形成の面と、既存の支配身分との主従関係を通じた編成の面という両側面の認識が重要と思われる。しかしながら、前述のように、稲葉氏の議論は村落側のヘゲモニーによる被官主の選択という村落側の主体的契機、すなわち、前者の一面を重視するもので、池享氏が指摘するように両側面が統一的に説明されているとはいえない(30)。また侍身分の職能を、自律的な村落共同体の一器官として、村や地域社会の維持に奉仕するものと評価しているが、それも移行期村落論に基づく視点を受け継いだものといえよう。そこからは、中間層の独自の位置づけや動向が見えてこないといわねばならない。

また、村落論の視座から大名権力を位置づけることも、村請制論を前提に、村落と領主権力との関係をとらえようとすることも、八〇年代以降の移行期村落論の視点をそのまま受け継いだもので、そこにとどまる限りは、この時期における領主支配の特質も、中世から近世への移行過程における変化の面もとらえられなくなるといわざるをえない。

四　本書の視角と課題

1　「上からの視点」と「下からの視点」からの脱却―「双方向的回路」の視角

戦国期における村落と領主権力との関係の再検討という本書の課題について、一九七〇年代までの研究では、領主権力による上からの秩序形成・統合という視角が重視されたため、領主権力による専制の貫徹という関係像が描かれた。こうした見方を見直した一九八〇年代以降の研究は、視点を領主から村へと置き換えて、村の視点から村の自律の貫徹による契約関係として描くようになる。この二つの議論の提示する関係像は正反対なものだといえる。

また、領主という「上から」の視点に基づく七〇年代までの研究は、権力（領主）対農民という二項対立的図式で、領主権力と村落との関係像を築いた。これに対して八〇年代以降の研究は、領主という「上から」の視点を村という「下から」の視点に置き換えながら、権力（領主）対農民の図式を権力（領主）対〈民衆が結集する〉村という図式に変えたが、依然として二項対立的な図式だと考えられる。つまり、両者とも二者間関係論の枠組みを共有しているといえよう。

そして、この二者間関係論に立ついずれの議論でも、中間層の独自の位置づけと動向は十分に検討されていない。領主権力の支配の末端に位置づけるのか、あるいは、村落の一器官として自律的村に埋没させるのかという相違にとどまる。(31)

したがって、いかにしてこの二者間関係論の枠組みから脱却するかが戦国期における村落と領主権力との関係を考える上で重要であり、一九九〇年代以降の戦国期研究に共通する課題でもある。(32)藤木氏の「自力の村」論を批判する論者の一人である西村幸信氏は、「領主にせよ、村にせよ、いずれか一辺倒の視座から論ずることは慎重に避けねばならない」と指摘した上で、「領主専制史観、『村の視座』どちらからも等距離の領主像構築が必要となってくる」と今後の課題と視角を提言した(33)。

しかし、池享氏は西村氏の著書の書評において、「『等距離』というような折衷論では両者（領主専制史観と「村の視座」―筆者註）を止揚することはできない」と西村氏の「今後の課題」認識の欠点を指摘した上で、「支配というものは支配される側の同意を調達することにより実現されるのであり、その『双方向的回路』を解明することこそが必要なのである。つまり、主観・客観両面における支配の正当性のあり方の問題である」と支配を「関係性」においてとらえる。さらに、その実現の場としての地域に視点を置くことを重視している。この視角では、地域社会秩序の中心的担い手としての中間層が浮かび上がり、彼らの動向・位置を追跡することにより、社会のあり方の歴史的な展開を総体的にとらえることができるとされる(34)。

筆者もまた、支配を「関係性」においてとらえること、その際に中間層を従来のように、領主支配の末端に、あるいは村の一器官として位置づけるのではなく、その独自の動向と位置づけを追究すること(35)、以上の二点を「上からの視点」と「下からの視点」からの脱却のために重要なポイントと考えており、これが領主権力と村落との関係を分析する上での本書の基本的視角である。

2　地域性の問題

本書では、以上の研究視角の設定とともに、村落が展開した各地域の特性の問題を重視したい。

近年、惣村研究の進展によって、前述したような石田氏が提起する三つの指標をもって、惣村か否かを判断すべきではないといわれるようになった。すなわち、池上裕子氏は、多様な活動と形態とによって、一定の自治と自立を獲得し、法的主体として機能していることをもって広く惣村を認定すべきであるという(36)。また、渡辺尚志氏は、池上氏の研究を受けて、戦国期には惣村が全国的に成立していると指摘し、そのメルクマールを、村請や訴訟において領主や近隣の村々に広く認知された法的・政治的主体であることに求めている(37)。

筆者は上記の観点におおむね賛成するが、だからといって、移行期村落論のように、村落内の階層構造を問題にせず、自律的村落共同体としての村や村請が地域を問わず均一的に成立したとは考えていない。すなわち、地域によって、村落の実態や階層構造は異なるため、村を抽象的・論理的に設定するのではなく、地域ごとにその実体を追究する必要があると思われる。たとえば、畿内近国以外の地域の村落の階層構造は、畿内近国に多く見られた惣村のそれと比べると、階層間の格差が大きいことは否定できないであろう。また、東国の北条領国に見られる「郷請」がはたして、移行期村落論が主張する村請と同じものであるかどうかも、検討しなければならない。従来は、それが当該地域の後進性を示すという認識もあったが、先進的・後進的という価値尺度にとらわれず、それぞれの地域社会の歴史的個性を把握する作業が肝要と思われる。

そして、地域性の問題は領主支配のあり方とも関わっている。すなわち、検地などを通じて新たな土地制度を構築した戦国大名権力（東国・西国）と、領主の新しい収取体制の構築を行わなかったとされる畿内近国の領主権力とでは、領主支配の性質が異なると考えられる(38)。

したがって、本書では、以上の地域性の問題を念頭に置きながら、関東の戦国大名北条氏の支配下の村落と、畿内近国の惣村を個別研究の対象にしたいと思う。

3　本書の構成と内容

以上の問題意識と視角に基づいて、本書は二部にわけて検討を行う。

第一部では、戦国大名北条氏領国に注目したい。主に伊豆国西浦地域と駿河国口野地域を対象とする。他の地域に比べ豊富な史料が残されており、これまで多くの研究がなされてきたが、一九七〇年代までは、村落（漁村）階層構造、中間層の階級性格、北条氏による郷村支配の貫徹度などが議論の中心であった。一方、一九九〇年代に入ってからは、土豪層を中心とする在地秩序の自律性・独自性が高く評価され、大名北条氏はその在地秩序に介入できなかったと主張されるようになる。これは前述したように、一九七〇年代までと一九八〇年代以降のそれぞれの研究潮流を反映するものといえる。第一部では、西浦と口野地域の中間層に注目して、彼らの動向を具体的に追究することによって、北条氏と西浦・口野地域との関係像をとらえなおしてみたい。また、北条領国に見られる土豪層代官、郷村の小代官それぞれの北条氏の郷村支配政策における位置づけを明らかにし、北条領国の「郷請」の問題をとらえなおしてみたい。

第一章では、西浦地域に関する史料に注目し、そこに見られる郷村の小代官の実態を見直した上で、北条氏と西浦地域との関係をとらえることを試みる。

第二章では、西浦地域について検討した成果を踏まえた上で、視野を北条領国全体に広げて、郷村の小代官の実像をできる限り明らかにし、その検討を通じて、北条氏による郷村支配について考えてみたい。

第三章では、口野地域の代官を務めた獅子浜在住の土豪植松氏に焦点をあて、植松氏の領主権力への被官化の意味、およびその代官としての活動と役割を検討することによって、北条氏と口野地域との関係をとらえなおしてみたい。

第四章では、以上の三章の検討を踏まえ、土豪層代官と郷村の小代官に焦点をあて、先行研究で同一視されがちな両者の、北条氏の郷村支配における位置づけを行う。その検討を通じて、北条領国の「郷請」の内実を改めて考えてみたい。

第二部では、惣村の典型事例として数多くの先行研究がある近江国浅井郡の菅浦を検討対象とする。

菅浦の研究では、応仁・文明の乱以前については、①「惣」の形成と展開、「惣」運営機構＝自治組織の構造、②「日指」「諸河」の耕地をめぐる大浦庄との堺相論、村の紛争解決の実態、共有文書の機能、③菅浦をめぐる支配関係、などが議論の中心であった。一方、応仁・文明の乱以後（戦国期）については、それ以前と比べて、研究が少ない。惣の自治と領主との関係が重要な問題となり、とりわけ、戦国大名浅井氏の支配下に入ってから惣の自治が崩壊させられたか否かについて、一九五〇年代に赤松俊秀氏によりこの命題が提起されてから、議論の中心となっている。(39) 近年の研究は、村落論の立場から、菅浦惣の自治は相変わらず健在であり、浅井氏による支配はそれまでの領主支配（荘園領主日野家、湖北の土豪〈琵琶湖北部に在住する国人領主〉）と変わらないものだと主張されている。(40) 第二部では、戦国期における菅浦と領主支配を中心に検討していきたい。

第一章では、先行研究において十分に明らかにされていない、延徳～元亀年間（一四八九～一五七三）における菅浦の領主支配の変遷を考察する。日指・諸河の年貢・公事銭請取状の署判者とその主人を検証する作業を通じて、戦国大名浅井氏の支配に至るまでの領主支配の変遷やそれぞれの時期の領主支配の特徴について検討する。

第二章では、菅浦の借銭問題に注目する。浅井氏の支配下に入ってから、菅浦の借銭（未進年貢が多い）に関する文書が増える。これについては、借銭は菅浦の困窮を意味し、浅井氏は未進年貢を猶予することによって菅浦惣村の死命を制したとする、大名権力の専制性を強調した一九五〇年代末の赤松氏の研究と、借銭は菅浦の困窮を意味せず、むしろ菅浦が未進行為を一つの手段として年貢納入に対する主導権を握っていたことを示すとする、菅浦の主体性を主張した一九九〇年代の阿部浩一氏の研究とが対立している。筆者は議論の対象となっている天文年間（一五三二〜一五五五）の事例の事実関係を整理し、「双方向的回路」という視点からこの問題を再検討する。

以上の二章における基礎的検討を踏まえ、第三章では、これまでの議論で注目されている役負担・借銭問題・自検断という三つの側面から、戦国大名浅井氏と菅浦との関係を総体的にとらえなおすことを試みる。この三つの側面を検討する際にも、「双方向的回路」という視角を重視する。

最後に、終章においては、各章の内容をまとめた上で、今後の課題と展望を述べたい。

註

（1）戦国期には、国人領主クラスの領主権力も存在するが、本書ではこの時期のもっとも代表的な領主権力である戦国大名に限定して議論を進めたい。

（2）関連する研究の研究史を整理するにあたって、池上裕子「戦国の村落」（『戦国時代社会構造の研究』校倉書房、一九九九年、初出一九九四年）と湯浅治久「惣村と土豪」（『岩波講座　日本歴史第9巻　中世4』岩波書店、二〇一五年）を大いに参考にした。ともに岩波講座に収録された論考として、池上氏は一九九〇年代半ばまでの研究史、湯浅氏は近年までの研究史を、主に村落と土豪（地侍）に焦点をあてて、それぞれ総括的にまとめている。合わせて参照されたい。

（3）石田善人「惣について」（『中世村落と仏教』思文閣出版、一九九六年、初出一九五五年）、「郷村制の形成」（同前、初出一九六三年）。

（4）仲村研「中世後期の村落」（『荘園支配構造の研究』吉川弘文館、一九七八年、初出一九六七年）、峰岸純夫「村落と土豪」（『日本中世の社会構成・階級と身分』校倉書房、二〇一〇年、初出一九七〇年）、村田修三「惣と土一揆」（『岩波講座日本歴史7　中世3』岩波書店、一九七六年）など。

（5）前掲註（4）村田論文一六七頁。

（6）三浦圭一「惣村の起源とその役割」（『中世民衆生活史の研究』思文閣出版、一九八一年、初出一九六七年）。

（7）大山喬平「室町末・戦国初期の権力と農民」（永原慶二監修戦国大名論集1『戦国大名の研究』吉川弘文館、一九八三年、初出一九六五年）。

（8）村田修三「兵農分離の歴史的前提」（『日本史研究』一一八号、一九七一年）。

（9）池上氏が前掲註（2）論文「戦国の村落」で指摘するように、小領主論には、戦国大名への被官化を重視せず、剰余の在地留保と村落支配のために、彼ら自身が地域的一揆体制を形成したとする宮島敬一氏の説もある（「荘園体制と『地域的一揆体制』」〈勝俣鎮夫編『中部大名の研究』吉川弘文館、一九八三年、初出一九七五年〉）。また、村田修三氏が「戦国時代の小領主」（『日本史研究』一三四号、一九七三年）において取り上げた甲賀の山中氏は、早くから領主階級であるため、小領主論が取り扱う階層とは異なる。

（10）峰岸純夫「室町・戦国時代の階級構成―とくに『地主』を中心に―」（前掲註（4）峰岸著書、初出一九六六年）、前掲註（4）峰岸論文「村落と土豪」など。

（11）藤木久志「戦国期社会における中間層の動向」（『戦国社会史論―日本中世国家の解体―』東京大学出版会、一九七四年、初出一九七〇年）。

（12）前掲註（2）池上論文四〇四頁。以下、小領主論と地主論に関する池上氏の見解はこの論文による。

（13）永原慶二「大名領国制下の農民支配原則」（『戦国期の政治経済構造』岩波書店、一九九七年、初出一九七六年）。

（14）前掲註（3）石田論文、赤松俊秀「戦国時代の菅浦―供御人と惣　続論」（『古代中世社会経済史研究』平楽寺書店、一九七二年、初出一九五九年）など。

（15）勝俣鎮夫「戦国時代の村落―和泉国入山田村・日根野村を中心に―」（『戦国時代論』岩波書店、一九九六年、初出一九八五年）。

（16）藤木久志「移行期村落論」（『村と領主の戦国世界』東京大学出版会、一九九七年、初出一九八八年）。ほかに、同『戦国の作法』平凡社、一九八七年、同『戦国史をみる目』（校倉書房、一九九五年）、同『刀狩り―武器を封印した民衆―』（岩波新書、二〇〇五年）なども、一貫して「自力の村」像を追究している。

（17）前掲註（16）藤木著書『村と領主の戦国世界』一六〇～一六一頁。

（18）前掲註（16）藤木著書『戦国史をみる目』一八三～一八四頁。

(19) 坂田聡『日本中世の氏・家・村』(校倉書房、一九九七年)序章。
(20) 安良城盛昭『幕藩体制社会の成立と構造』(御茶の水書房、一九五九年)。
(21) 池享「大名領国制研究の視角」(『大名領国制の研究』校倉書房、一九九五年)三四頁。
(22) 歴史学研究会日本中世史部会運営委員会ワーキンググループ「地域社会論の視座と方法—成果と課題の確認のために—」(『歴史学研究』六七四号、一九九五年)。
(23) 稲葉継陽『戦国時代の荘園制と村落』(校倉書房、一九九八年)、酒井紀美『日本中世の在地社会』(吉川弘文館、一九九九年)、蔵持重裕『中世村落の形成と村社会』(吉川弘文館、二〇〇七年)など。
(24) たとえば、「自力の村」論を批判する論者の一人である西村幸信氏は「『自力の村』論の軌跡と課題—藤木久志氏の批判に答えて—」(『中世・近世の村と地域社会』思文閣出版、二〇〇七年、初出一九九九年)において、「自力の村」論の問題点と課題をまとめている。
(25) 前掲註(16)藤木著書『村と領主の戦国世界』の「はしがき」vi頁。
(26) 稲葉継陽「村の侍身分と兵農分離」(前掲註(23)稲葉著書、初出一九九三年)。
(27) 黒田基樹「大名被官土豪層への視点」(『中近世移行期の大名権力と村落』校倉書房、二〇〇三年、初出一九九八年)、同「大名被官土豪層の歴史的性格」(同前、初出二〇〇一年)。
(28) 長谷川裕子『中近世移行期における村の生存と土豪』(校倉書房、二〇〇九年)、同「十五~十七世紀における村の構造と領主権力」(『戦国期の地域権力と惣国一揆』岩田書院、二〇一六年、初出二〇一一年)。
(29) 前掲註(27)黒田著書、同『戦国大名の危機管理』(吉川弘文館、二〇〇五年)など。
(30) 池享「中近世移行期における地域社会と中間層」(『戦国期の地域社会と権力』吉川弘文館、二〇一〇年、初出一九九九年)三四~三五頁。
(31) 一九七〇年代までの研究と一九八〇年代以降の研究がともに二者間関係論に立つという問題点を抱えている点は、すでに村井良介氏と池享氏によって指摘されている。詳しくは村井良介「解説(第一部)」(前掲註(24)西村著書、三七一~三七七頁)、池享「西村幸信著『中世・近世の村と地域社会』をめぐって」(前掲註(30)著書、初出二〇〇八年、五〇~六二頁)を参照されたい。

(32) たとえば、池享氏は、前掲註(30)論文において、中間層の独自の位置づけや、地域社会秩序を検討する上での領主制的視角の有効性などを主張している。また、池上裕子氏は「中近世移行期を考える―村落論を中心に―」(『日本中近世移行期論』校倉書房、二〇一二年、初出二〇〇九年)において、北条領の郷や郷請が必ずしも村請と同一ではないとし、郷の実態や地侍の動向に改めて目を向け、再検討の必要があると述べている。これらは村落と領主権力との関係を考える上で重要な指摘と考えられる。
(33) 前掲註(24)西村論文一六七頁。
(34) 前掲註(31)池論文五九頁。なお、池氏の観点は、前掲註(30)論文も合わせて参照されたい。
(35) なお、本書では、おおむね土豪という名称を採用しているが、彼らの独自の動向と位置づけを追究するのが本書の課題の一つである。そのため、小領主・地主概念は用いず、また村落論に基づき、土豪層を村落の一器官として位置づけようとするとらえ方も採用しない。
(36) 前掲註(2)池上論文四〇七頁。
(37) 渡辺尚志「村の世界」(『近世の村落と地域社会』塙書房、二〇〇七年、初出二〇〇四年)二五~二六頁、同「中世・近世移行期村落史研究の到達点と課題」(『日本史研究』五八五号、二〇一一年)一一四頁。
(38) 前掲註(30)池論文三七頁。
(39) 前掲註(14)赤松論文。
(40) 阿部浩一「戦国時代の菅浦と代官支配」(『戦国期の徳政と地域社会』吉川弘文館、二〇〇一年、初出一九九五年)。

第一部　戦国大名北条氏と村落

第一章　戦国大名北条氏の西浦地域支配

――小代官の再検討を手がかりに――

はじめに

豊富な残存史料に恵まれている伊豆国西浦地域を対象とした研究は数多い(1)。戦国大名北条氏が支配した戦国期の西浦については、貢租負担や村落構造、土豪層の存在形態、百姓と領主権力との関わりなどが従来から注目されているが、時代の研究状況によって視点は異なる。社会構成史的な視点から大名権力の専制性を強調し、在地社会への視点を欠いていた一九五〇・六〇年代の研究(2)に対し、九〇年代以降に出された上野尚美氏(3)や福田英一氏(4)の研究は、八〇年代以降のいわゆる地域社会論・中近世移行期村落論の影響を受けながら、土豪層のあり方に注目し、彼らが中心となって形成した在地秩序の存在を明らかにしようとしている。

しかし、上野氏と福田氏の研究では、大名権力と在地秩序との関係をめぐって異なる像が描かれている。在地秩序の存在を強調し、北条氏の権力はその在地秩序に介入できないという上野氏の見方に対し、福田氏は、在地秩序に存在する矛盾を指摘し、北条氏によって村の苛酷な在地秩序の維持機能が掣肘されたと考えている。上野氏が持つ、大名権力を相対化しようとする視点は重要であるが、在地社会における領主支配の要素を過小評価してしまうおそれもある(5)。福田氏の研究はこうした点にも留意されているが、北条氏の支配末期以降を対象としたもので、それまでの北条氏の支配時期は考察の対象になっていない。

本章では、北条氏と土豪層の関係を総体的に捉えることを目指したい。そのために北条氏と、土豪による在地秩序との関係について再度注目する。この問題を考える上で重要と思われるのが、西浦の小代官である。小代官とは北条氏が郷村支配のために設置したものであり、それには土豪や百姓が多く任用された(6)。西浦には小代官に関する史料も比較的多いが、西浦地域の研究には、小代官を取り上げた論文は少ない。また、小代官そのものの研究では、後述するように西浦の小代官に関する史料の捉え方は部分的であって、その全体像は明らかにされていない。したがって、西浦地域の小代官の検討は北条氏の小代官制度全体を考える上でも重要な意味を持つ。

以上から本章では、①西浦地域における土豪層の存在形態を明らかにすること、②北条氏の代官・小代官による西浦地域の支配を再検討すること、③小代官の歴史的性格や設置目的について見直すこと、を主な課題とし、北条氏の郷村支配政策に迫りたいと思う。

一　伊豆国西浦地域の在地秩序

『沼津市史』通史編(7)などにおいて、西浦地域の地理状況、地域全体の諸負担と各村の諸負担(8)、西浦地域の各階層(9)などについて詳しく論じられているが、本節ではそれらの先行研究を参照し、行論において必要な点を中心にまとめておきたい。

戦国期に西浦地域は「西浦七ケ所」、「西浦七ケ村(10)」などと呼ばれ、重寺・三津・長浜・重須・木負・久連・平沢の(11)七つの村から構成されていた。西浦に所領を有する領主として、松下氏（三津在住）と倉地氏（河内在住）がいたが(12)、西浦地域全体に君臨する領主は存在していなかったといえる。

松下氏・倉地氏のほかに、西浦地域には土豪層が存在した。たとえば、天文二三年（一五五四）の北条氏康の娘と今川氏真の婚姻に際して、北条氏がその費用などの運送を「西浦在郷之御被官衆」に命じた文書の宛先には、松下三郎左衛門のほかに、大川若狭・土屋左衛門太郎・相磯平二郎・大河四郎五郎の四人が見られる。(13)『沼津市史』通史編ですでに指摘されているように、大川若狭が長浜、土屋左衛門太郎が重須、相磯平二郎が木負、大河四郎五郎が三津の土豪である。

これらの土豪は松下氏と同じく「西浦在郷之御被官衆」に編成されてはいるが、松下氏のような給人ではない。天正五年（一五七七）四月一〇日付の北条家印判状（後掲史料五）の

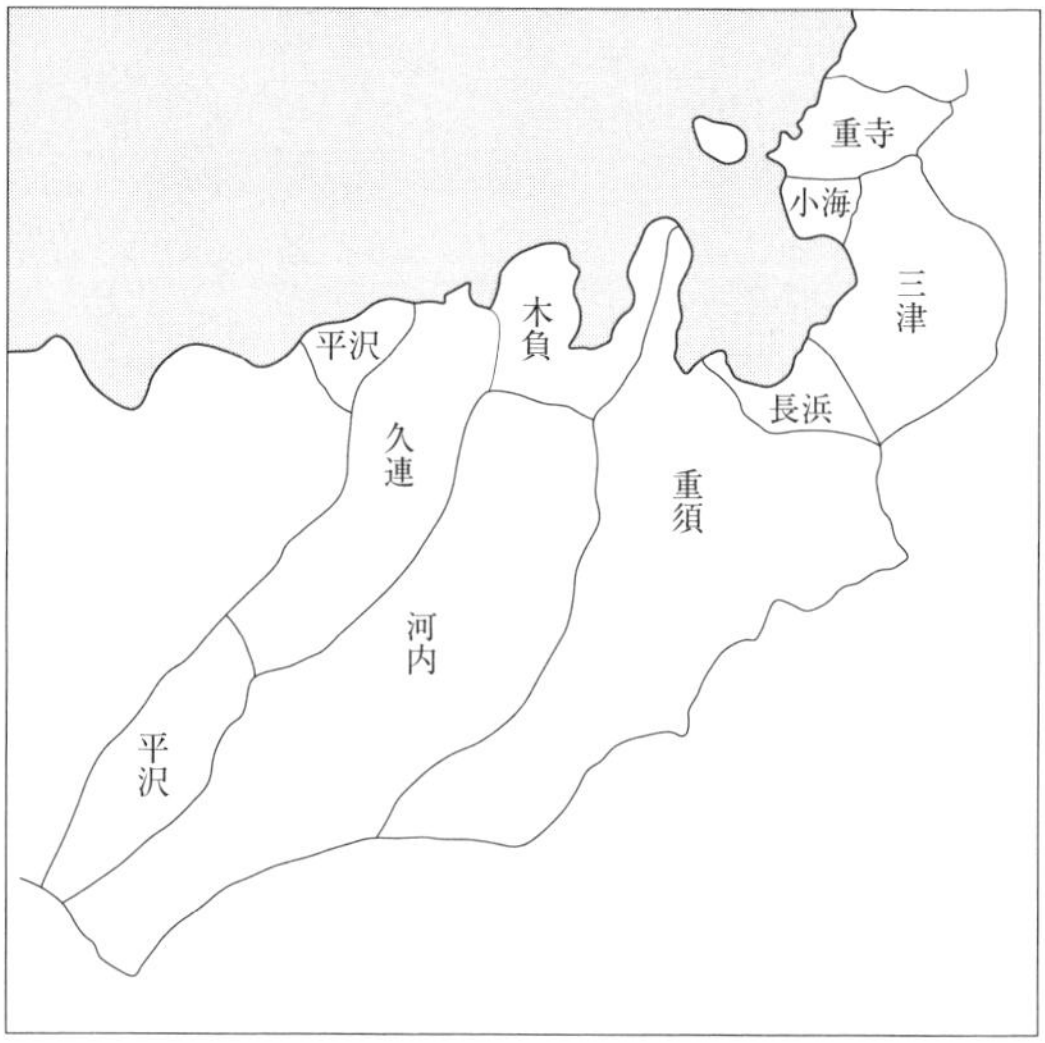

図１　西浦地域（『沼津市史』通史編原始・古代・中世より転載）

宛先に「西浦百姓　大川兵庫助」とあるように（兵庫助は若狭の子）、この四人はあくまでも西浦の有力百姓であったと考えられる。そして、この四人の中では長浜の大川氏が、長浜だけでなく西浦地域全体に影響力を持ったことが関連史料からうかがえる。(14)

彼ら土豪は、松下氏・倉地氏と異なり、日常的には村に居住する有力百姓であり、給地を持たないが、(15)天文一三年九月一五日付の北条家棟別取帳写(16)に「二間　四郎左衛門殿　二間　同人被官」とあるように、長浜の大川四郎左衛門（若狭）は北条氏から四間の棟別銭の免除を受けている。このことから、長浜の大川氏をはじめとする土豪層は北条

氏から諸役免除などの特権を与えられ、西浦のほかの百姓と比較すれば卓越した地位を築いていたと推測される。

西浦地域においては、長浜の大川氏を中心とする土豪層によって在地秩序が形成されており、さらに、各村の土豪層はこの在地秩序を維持するために、連合して相互協力体制を作っていた。

たとえば、天正元年には、重須の退転した三帖の網度について、代官安藤氏が、重須・三津・長浜・向海・重寺の土豪層が相談した上で解決するように命じている。(17) 天正一七年には、長浜の大川兵庫とその息子又太郎が同村の長門等と相論を起こして、勝訴した上で、長門等に起請文を書かせている。その「せう人」(証人)に、小海の日吉八郎左衛門と木負の相磯與三左衛門の名が見える。(18) 退転の時、相互に相談した上で、解決するよう代官から命じられていることと、相論の際、他村の土豪が中人を担当する事実とを考え合わせると、西浦地域においては、長浜大川氏を中心とする土豪層が相互協力体制を作ることによって、在地秩序を維持しようとしていたことがうかがえる。

以上の点は上野氏も言及しているが、在地秩序と北条氏との関係の捉え方については疑問が残る。氏は、天正元年の事例から「代官が在地の問題に実質的な対応ができ」ないとして、「大名権力後北条氏が西浦を直轄領とし代官に支配させる体制をとっても、以前から存在していた在地秩序(長浜大川氏を盟主とした土豪層の連合によって形成された在地秩序─筆者註)には介入でき」なかったと評価する。(19) しかし、たとえば、享禄三年(一五三〇)と推定される伊東家祐・山角性徹連署判物を見ると、(20) 享禄三年に、大川四郎左衛門と重須の二人の百姓との間で、半帖の網度・ほくら田等をめぐる相論が起きた際、代官山角・伊東は大川氏を勝訴とし、重須の百姓から確認のために文書を提出させている。このように、代官は西浦の問題に実質的に対応している。

これに関して、福田氏は前述した天正一七年の事例の分析を通じて、西浦の在地秩序に北条氏権力が介入できなかったという上野氏の指摘に疑問を呈している。福田氏は、訴訟の過程で北条氏の評定衆山角上野介康定(西浦の代官をつとめ、天正五年以降は上野介を名乗る）が関与したことを指摘し、村の苛酷な在地秩序の維持機能が北条氏権力によって掣肘されたと評価している。(21)

筆者には、在地社会における矛盾を無視せず、領主権力と在地秩序との関係を総体的に把握しようとする福田氏の方法が妥当と思われる。一九五〇・六〇年代の研究が大名権力の強力さを強調するために、支配の正当性や被支配民衆の同意といった問題を見落としたのは事実であるが、上野氏のように上級権力を捨象し、在地側を強調しすぎると、大名権力の存在意義は見出せないし、在地社会の実態の把握をかえって曖昧化させることになるであろう。ただし、福田氏の論考も対象とした時期は北条領国の末期以降であり、北条氏の支配した時期について検討の余地がある。そこで次に、北条氏の郷村支配における代官・小代官の問題に焦点をあてて、北条氏と、土豪・百姓らによる西浦の在地秩序との関係を検討したい。

二　北条氏の西浦地域支配

1　西浦地域における代官とその手代

戦国期の西浦は直轄領として、北条氏から派遣された代官の支配を受けていた。関連史料を表1「代官・百姓中宛に北条氏が発給した文書一覧」と表2「代官手代・百姓宛に代官が発給した文書一覧」にまとめると、山角性徹、伊東家祐、山角康定、伊東政世、安藤良整が西浦地域の代官として確認できる。(22)

西浦代官の初見である永正一五年（一五一八）一〇月八日付の北条家印判状の宛先に「木負御百姓中　代官山角伊東」とあるように、当初は山角氏と伊東氏が二人で代官を担当する、両代官制であった。しかし、元亀元年（一五七〇）四月九日付の北条氏康印判状(23)の宛先には「伊東九郎三郎」（政世）だけが記されている。その後、代官は安藤良整に代わったが、やはり宛先には一人しか記されていない。したがって、元亀期になってから西浦代官は一人制に変わったと考えられる。

西浦地域の代官の在地性は希薄であり、代官の下に手代を置いて支配が行われた。上述した表2は代官から代官手

表1　代官・百姓中宛に北条氏が発給した文書一覧

年月日	宛先	内容	出典
永正一五年一〇月八日（一五一八）	木負御百姓中 代官 山角 伊東	竹木等の御用は北条氏→郡代→地下 漁師役、美物等は印判に代官の印を添え命じること 大普請のほか、人足が必要な時、印判に代官の印を添え命じること 虎の印判がなければ、郡代・代官の判形があっても以上の賦課を禁止すること	北条家印判状（『沼』二四二号）（長浜大川文書）
天文二〇年六月一〇日（一五五一）	西浦百姓中 代官	西浦五か村網度抱百姓の子供が代官に断らずに他所の被官になるのを禁止する	北条家印判状（『沼』二〇六号）（長浜大川文書）
永禄九年閏八月六日（一五六六）	山角四郎左衛門尉殿 伊東九郎三郎殿	重須で欠落した八人の百姓の召還を命じる	北条氏康印判状（『沼』三八〇号）（土屋文書）
元亀元年四月九日（一五七〇）	伊東九郎三郎殿	重須で欠落した百姓を拘束し、重須の土屋氏に渡すように命じる	北条氏康印判状（『沼』四四〇号）（土屋文書）

『沼』は『沼津市史』史料編古代・中世の略称であり、中世のうちの史料番号を示す。以下の表2・表3・表4も同じ。

表2　代官手代・百姓宛に代官が発給した文書一覧

年月日	宛先	内容	出典
享禄三年一〇月一九日（一五三〇）	大川四郎左衛門殿	大川氏と重須百姓二人との間で、網度半帖・ほくら田・とうちょう田・屋敷の田について相論が起き、代官山角・伊東は大川氏を勝訴とする	伊東家祐・山角性徹連署判物（『沼』補七八五号）（長浜大川文書）
天正元年九月一七日（一五七三）	長浜大川殿（後筆）重須土屋殿 退転之網所三帖之衆	重須の退転した網度三帖について、西浦土豪層が相談した上で、解決するように命じる	安藤良整書状（『沼』四九九号）（長浜大川文書）
天正一〇年閏一二月五日（一五八二）	大久保殿（安藤代――筆者註）土屋殿	塩竈取立のため、重須村で薪の商売を禁止する	安藤良整判物（『沼』六三一号）（土屋文書）
天正一五年一二月一三日（一五八七）	大川兵庫殿	安藤に上納すべき節季銭を天正一五年から免除する	安藤良整判物（『沼』六六八号）（長浜大川文書）

『沼』補は、菊池浩幸「『沼津市史　史料編』中世編　補遺（続）」（『沼津市史研究』一四号、二〇〇五年）による。

代か百姓への文書をまとめたものであるが、表3は、北条氏から代官手代・百姓中への文書をまとめたものである。代官手代についての初見史料は、前述した天文一三年（一五四四）九月一五日付の北条家棟別取帳写である。その宛先に「御代官さとう殿　小屋殿」とある。次いで永禄一一年（一五六八）四月一八日付の北条氏康印判状（後掲史料三）の宛先に「伊東代小屋　山角代山田」とある。当時の西浦の代官は伊東・山角であり、「さとう」、小屋、山田は両代官の手代である。そして、西浦代官が一人制になってから、代官の手代も一人に変わったと考えられる。(24)

西浦代官とその手代が北条氏から給分を与えられていたことは、次の史料から知ることができる。

【史料二】 西浦地方年貢本増方書立写(25)

(端裏書)「西浦御検地之本増移也」

西浦地方御年貢本増出方

但七貫文本年貢也　但此内引方　十貫文両大代官給

表3　代官手代・百姓中宛に北条氏が発給した文書一覧

年月日	宛先	内容	出典
天文一三年九月一五日(一五四四)	御代官 さとう殿 小屋殿	長浜の棟別銭賦課の事	北条家棟別取帳写(『沼』二七九号)(長浜大川文書)
永禄一一年四月一八日(一五六八)	伊東代小屋 山角代山田 木負村百姓中	木負村の田年貢は米現物で納入し、畠年貢は永禄一一～一三年の間、塩年貢で納入すること。塩竈年貢三貫。田畠荒地の開発	北条氏康印判状(『沼』三八六号)(相磯文書)
天正五年四月一〇日(一五七七)	西浦百姓大川兵庫助	北条氏は西浦小代官藤守を今後西浦に派遣しないとする	北条家印判状(『沼』五二七号)(長浜大川文書)
天正七年一一月七日(一五七九)	安藤代 木負百姓中	長浜の船掛庭普請のための人足七人を召集し、七日間の普請役を務めること	北条家印判状(『沼』五五五号)(相磯文書)
天正一二年一月二〇日(一五八四)	倉地源太左衛門尉殿 安藤代大久保殿	西浦船方番銭を梶原に納入すること	北条家印判状写(『沼』六四五号)(紀伊国古文書所収在田郡古文書二)
年未詳六月六日	安藤豊前代渡辺 大河	鰹急用のため、上納すること	北条家印判状(『沼』し四九号)(三津大川文書)

一廿一貫八百卅八文　本増三津分　四貫文両小代官給
　　　　　　　　　　　　　　　　七貫八百卅八文御公方へ定納
但二貫七百文本御年貢也
一五貫十三文　本増長浜分
　　　　　　　　但此外五貫文道正網度銭
但廿八貫八百六十文本年貢也
一四拾七貫文　本増重須分
　　　　　　　　但此内三貫文しかま
　　　　　　　　一具御年貢也
（中略）
　物都合百七拾三貫八百八十二文
但是ハ御検地之時、大草但馬守殿本帳移也、　守吉（花押）
（下略）

【史料二】　大川兵庫・同隼人連署覚書(26)

前々西浦七ケ村より御納所大方覚申候分
（中略）
拾貫文　　　　田畠御年貢之分
　　御代官分

四貫文　　　　同　小代官分

（中略）

右西浦七ケ村前々御納所之辻、明鏡ニ申上候、以上

刁

十一月廿日　　　兵庫（花押）

隼人（花押）

史料一は年代未詳だが、「十貫文両大代官給」と「四貫文両小代官給」との記載から、両代官制の時期の史料と見られる。[27] この史料からは、一人の代官につき五貫文、一人の小代官につき二貫文が給分として与えられていたことがわかる。ここで注意を要する点は、史料一に現れた「小代官」は具体的には、表2と表3にまとめた「山角代山田」「伊東代小屋」など代官の手代を指しているということである。[28]

史料二は天正一八年（一五九〇）のものと考えられるが、[29]「前々西浦七ケ村より御納所大方覚申候分」とあるように、北条氏時代の西浦七か村からの諸役上納である。「小代官分」は「御代官分」の中に含まれており、代官給と小代官給は史料一と同額である。しかし、史料二には「両代官」「両小代官」の文言がないので、代官が一人制であった時期の可能性がある。しかし、いずれにしても、史料二の「小代官分」は、史料一と同じく、表2・表3にまとめた代官手代の給分であったと考えられる。

2　「郷村名小代官百姓中」と表記される小代官

小代官の先行研究の中で、黒田基樹氏と佐脇栄智氏は、史料二を、郷村に設置された小代官の給分を示す史料とし

て取り上げている[30]。この郷村の小代官は北条氏の発給文書の宛先に「郷村名小代官百姓中」と表記されており、永禄四年以降に確認できるという。

この郷村の小代官は、前述した「山角代山田」など代官手代としての小代官と、どう関わっているであろうか。

黒田氏は、「『小代官』所見文書目録」を作成し、西浦地域については、「木負小代官百姓中」（後掲史料四）の事例を入れているが、右の「山角代山田」などの代官手代（表2・表3）の事例はあげていない。氏は、郷村の小代官を代官の手代としてその機能を継承した存在と述べているが、代官手代としての小代官との関係には言及していない。

一方、佐脇氏は、天文年間に「○○代」などと表記される代官手代が存在したことを指摘し、永禄年間以後、北条氏は領国全体の郷村に小代官を設置し、郷村にいっせいに頒布する印判状の宛先を、「郷村名小代官百姓中」に統一したと述べている。直轄領では、永禄年間以前から存在していた代官手代としての「○○代」が、新たな役職としての郷村の小代官の職務を担ったという。

しかし、筆者は、「郷村名小代官百姓中」と表記される郷村の小代官は代官手代としての「○○代」とは別に設置されたと考える。西浦木負村の事例に即して検証してみたい。

西浦地域の木負村には、宛先を「伊東代小屋　山角代山田　木負村百姓中」と「木負小代官百姓中」とそれぞれ表記する二通の文書がある。

【史料三】　北条氏康印判状[31]

西浦之内
木負村御年貢納様之事

一弐拾三貫六百五十七文　田之年貢以㆓米穀㆒可㆑納㆑之、員数ハ可㆑随㆓其年之納法㆒

一弐拾六貫五百七十文　畠年貢以㆓雑穀㆒雖㆘可㆑被㆓召置㆒候㆖、御侘言申上間、辰・巳・午（永禄一一・一二・一三年）三ケ年以㆓塩納㆒可

レ申事

此塩弐百六拾五俵一斗四升　一俵別百文充、但弐斗入、

一三貫文　塩竈銭

此塩卅俵　同積

以上

右、百姓退転之由、御侘言申上間、以二御憐愍一三ケ年之間塩年貢ニ被二相定一畢、田畠荒地令二開発一、郷中無レ恙様ニ仕立可レ申者也、仍状如レ件、

（永禄十一年）
戊辰
卯月十八日（「武栄」朱印）

伊東代
小屋
山角代
山田

木負村百姓中

【史料四】　北条氏康印判状(32)

西浦木負百姓退転之由、御侘言就二申上一御赦免条々、

一弐拾三貫六百五十七文　田年貢以二精銭一可レ納、精銭無レ調付者、以レ米可レ納、百文ニ可レ為二一斗四升目之積一

一弐拾六貫五百七十文　　畠年貢以二雑穀一雖下可レ被二召置一候上、塩竈稼致之由申上付而、以二御憐愍一塩年貢ニ被二相定一事

　此塩五百卅一俵四升　　一俵別五十文宛但一斗入

一三貫文　　塩竈銭

　此塩六十俵　　同

　　以上

一子・丑（永禄七・八年）両年御年貢米未進五貫余、塩を以給方へ可二相渡一、但前々之算用米を以可レ出二御積一也、然者米之禰段と塩之禰段相違之所、奉行衆相談、塩之過上を出、可レ致二皆済一事

一梶原番銭立物を以渡候処、禰段非分申懸由、御侘言無二余儀一思召候、向後者公方へ被二召上一、如二禰段一可二相渡一、其上非分就二申懸一ハ、立物を相押、以二目安一可二申上一事

一棟別退転之由申上候、分国中乱後雖二退転候一、本途ニ被二仰付一候、雖レ然此度任二御侘言一、見取ニ可レ被二仰付一事

　以上

右条々、御赦免之上、御年貢并諸役銭、御定如二御日限一、無二々沙汰一可レ致二皆済一、猶致二無沙汰一付者、百姓・小代官共ニ可レ被レ処二罪科一旨、被二仰出一候、仍如レ件、

（永禄九年）丙寅　閏八月七日（「武栄」朱印）　幸田与三奉

木負

　小代官

史料三の「伊東代小屋　山角代山田　百姓中」は表2・表3に示したように、代官手代としての小代官である。代官手代としての小代官は文書上では、「何々代官代」（さらに、後ろにその代官代の苗字が付け加えられる場合が多い）と明確に記載されている。

一方、史料四に見られる小代官は、郷村名の下に小代官と百姓中が並列されているが(33)、そこでは、小代官の苗字も書かれておらず、「何々代官代」と明確に代官の手代であることを示す表現も見られない。このように、史料四の小代官と、史料三の代官手代としての小代官とは、宛先の書式が明確に異なっていることがわかる(34)。

ここで佐脇氏の議論に基づいて右の事例を見ると、永禄九年の史料四で郷村の小代官宛の書式が見られ、以後は「郷村名小代官百姓中」の書式に統一されるはずである。しかし、その二年後の史料三は「何々代官代」の書式であり、表2・表3に示したように、天正年間まで「何々代官代」の書式は継続して見られる。このことは佐脇氏の説と齟齬する。

以上の点から、史料四に現れた「木負小代官百姓中」の小代官は、北条氏が新たに設置したものであり、以前から存在していた代官手代とは異なる存在と考えられる。この両者を区別すると、史料二はあくまで代官手代の給分を示すものであって、黒田氏や佐脇氏のように郷村の小代官の給分を示す史料として用いるのは問題があるように思われる。

さて、こうした区別をした上で代官と小代官宛の北条氏発給文書を見直すと、「郷村名小代官百姓中」とよく似た書式として、「郷村名代官百姓中」とする書式が見られる。西浦の史料では、「三津代官百姓中」と「長浜代官舟持中」の事例がある。これらの事例を、表4「郷村の（小）代官・百姓中宛に北条氏が発給した文書一覧」にまとめた。この「代官」は「小代官」の「小」が脱落したものか、それとも文字通りに「代官」と考えてよいのか。

表4　郷村の（小）代官・百姓中宛に北条氏が発給した文書一覧

年月日	宛先	内容	出典
永禄六年カ八月六日（一五六三）	三津代官百姓中	三津の五〇間の棟別銭・目銭を三日以内に上納すること	北条家印判状（『沼』三六八号）（長浜大川文書）
永禄九年閏八月七日（一五六六）	木負小代官百姓中	木負退転による年貢・公事の免除。永禄七・八年未進の年貢米を塩で上納する。棟別銭を見取で納入する。免除後の年貢・公事を皆済すべきこと	北条氏康印判状（『沼』三八一号）（相磯文書）
永禄一一年一一月一四日（一五六八）	長浜代官舟持中	遠江国へ船を出すこと	北条家印判状（『沼』三八八号）（長浜大川文書）
天正一七年八月二六日（一五八九）	西浦小代官百姓中	しひのたり五〇〇枚を二九日までに久保に渡すこと	北条家印判状（『沼』六八一号）（土屋文書）

北条氏が西浦代官に発給した文書（表1）を見ると、宛先に代官の名前が明確に書かれている。唯一の例外は天文二〇年六月一〇日付の北条家印判状[35]だが、宛先に「西浦百姓中代官」とあるように、「代官」が「西浦」という郷村名の下にあるのではなく、「西浦百姓中」と並列される。そして、本文にも「西浦五ケ村あんと拘候百姓等子供并自二前々一舟方共、地頭・代官ニ為レ不レ断、他所之被官ニ成候事、令二停止一候」とあるように、代官に宛てた文書と考えてよい。

したがって、「三津代官百姓中」・「長浜代官舟持中」は、伊東・山角・安藤のような西浦代官とは同一視しがたい[36]。郷村名が筆頭に現れるのは、「郷村名小代官百姓中」の書式と同じである。それゆえ、「代官」という文言にこだわらず、「三津代官百姓中」

「長浜代官舟持中」の事例については、「代官」の前に「小」が脱落したと推測し、[37]「木負小代官百姓中」と同じ類型の小代官と考えたい。[38]

また、天文一二年九月一五日付の北条家検地書出[39]と天文一四年六月二五日付の北条家印判状[40]の宛先は、それぞれ「長浜御代官御百姓中」と「西浦長浜代官百姓中」であり、いずれも「郷村名代官百姓中」の書式である。佐脇氏によると、郷村の小代官は永禄年間以降に設置された。しかし、天文一四年の「西浦長浜代官百姓中」の事例は、永禄六年八月六日付の「三津代官百姓中」と同じく棟別銭の徴収に関わるものである。「三津代官百姓中」の事例は郷村の小代官と考えられるので、天文年間の事例も「郷村名小代官百姓中」と同様の小代官である可能性もある。もっとも、より緻密な検討が必要であり、今後の課題としたい。

3　代官手代としての小代官と郷村の小代官との相違点

これまでの検討を踏まえて、二つの小代官の相違点を四つにまとめてみる。

①　史料上の表記の違い

代官手代としての小代官―「何々代官代（＋苗字）」

郷村の小代官―「郷村名＋(小)代官百姓中」

永禄年間以降、「郷村名＋(小)代官百姓中」としての小代官が現れるが、「何々代官代」と書式は異なり、両者は別の存在と考えられる。

②給分の有無

佐脇氏や黒田氏は、史料二に見える「小代官分」を「郷村名小代官百姓中」としての小代官の給分と考えているが、史料一と史料二は、代官手代としての小代官の給分を示す史料である。一方、「郷村名小代官百姓中」の小代官の給分の存在を示す史料は見当たらない。

③北条氏、代官との関係

代官手代に宛てた文書には、北条氏から（表3）と代官から（表2）の二種類がある。一方「郷村名小代官百姓中」と記される文書（表4）を見れば、ほぼ北条氏の印判状であり、代官からの文書は一通もない。すなわち、「伊東代」・「山角代」などは代官手代として、北条氏と代官に把握されているが、「郷村名小代官百姓中」は直接に北条氏の支配を受けており、代官と「郷村名小代官百姓中」の小代官との関係は代官手代のような主従関係とは考え難い。

④初見時期の違い

表2・表3を見ると、「何々代官代」は天文年間から確認できるが、「郷村名小代官百姓中」の小代官は永禄年間以降に現れる。

4　二つの小代官の身分の違いについて

以上の相違点のほかに、身分の違いもある。この点について、若干の考察を加えたい。

代官の手代がその被官であることは明らかである。では、北条氏から直接把握されている「郷村名小代官百姓中」の小代官にはどのような身分の人間が任命されたであろうか。

表4を見ると、長浜の小代官と三津の小代官に宛てた文書は長浜大川文書、木負の小代官に宛てた文書は相磯文書に伝来している。長浜の大川氏が長浜と三津の小代官、相磯氏が木負の小代官、そして、土屋氏が重須の小代官であった可能性がある。

一般に、「郷村名小代官百姓中」の小代官宛文書の所蔵者が北条氏のもとで「小代官」を務めた家であった可能性は高い。この点について小和田哲男氏は、阿佐ヶ谷の小代官と国府津の小代官の事例をあげて、その可能性を指摘している[41]。

武蔵国中野郷阿佐ヶ谷の事例を見よう。天正四年に、北条氏が江戸中城の塀四間の年々の普請と修理を阿佐ヶ谷小代官と百姓中に命じた史料[42]があり、これは堀江家に伝来しており、宛先は「阿佐ヶ谷小代官百姓中」となっている。近世の堀江家について論じた大石学氏の論文には、堀江家の由緒を記した近世の史料が取り上げられている。それによると、戦国期の堀江氏は、中野郷の在地土豪として、北条氏直の時に中野郷五か村の小代官に任命され、夫上納や江戸城普請に関する印判状を受け取ったという[43]。すなわち、右の「阿佐ヶ谷小代官百姓中」の小代官を務めていたのは文書所蔵者の堀江氏である。

中野郷阿佐ヶ谷の堀江家の事例を通して、西浦地域のことを考えると、長浜の大川氏が長浜と三津、木負の相磯氏が木負、重須の土屋氏が重須とそれぞれ西浦各村の小代官を担当していたと考えられる。要するに、「郷村名小代官百姓中」の小代官は北条氏から在村の有力百姓が任命された可能性が高く、郷村の小代官といってもよいであろう。

以上の検討を踏まえ、前に述べた郷村の小代官の給分について補足したい。前述したように、郷村の小代官に給分が与えられた史料は見当たらないが、大川氏、相磯氏、土屋氏がそれに任命されたと推測されることから、郷村の小代官は給分を持たないが、諸役の免除などの権益は北条氏

表5　二つの小代官の相違点

	史料上の表記	給分	初見時期	身分	北条氏・代官との関係
代官手代としての小代官	「何々代官代（苗字）」「西浦小代官」	あり	天文年間	代官の被官	北条氏と代官とに支配されている
郷村の小代官	「郷村名小代官百姓中」「郷村名代官百姓中」	なし	永禄年間	各村在住の有力百姓・土豪	北条氏に支配されている

から与えられたと考えられる。

以上、「何々代官代」＝代官手代としての小代官と、「郷村名小代官百姓中」＝郷村の小代官との相違点をそれぞれ検討してきたが、表5に整理しておく。

5 「郷村名小代官百姓中」＝郷村の小代官の非分と設置目的について

先行研究では「郷村名小代官百姓中」＝郷村の小代官を中心に議論を展開してきた(44)。その中で西浦地域の郷村の小代官が各論者の重要な論拠とされ、給分の有無、非分の有無などが論じられたが、前述した二つの小代官の区別がなされていない問題がある。

郷村の小代官に給分が確認できないことはすでに述べた。郷村の小代官の非分については、次の史料を中心に議論がなされている(45)。

【史料五】　北条家印判状(46)

（懸紙上書）「西浦百姓　大川兵庫助　　評定衆」

西浦小代官藤守、或年貢を百姓ニ不レ為レ計而手前にて相計、或升目を掟之外取候、実犯露顕之上、被レ為二籠舎一、彼虚妄不レ出者、可レ被レ処二死罪一候、菟角向後彼藤守西浦へ被レ遣間敷旨、被二仰出一者也、仍如レ件、

（「虎」朱印）

天正五年丁丑卯月十日

評定衆　下野守　康保（花押）（石巻）

西浦百姓
大川兵庫助

「西浦小代官藤守」は年貢を百姓に計らせなかったり、さらに掟に随わず升目を決めたりするなどの非分を起こした。そこで北条氏は今後藤守を西浦に派遣しないと決め、それを長浜の大川氏に伝えた文書である。この史料では、確かに、「西浦小代官藤守」が非分を犯していることが知られる。問題は、藤守は代官手代であるか、それとも郷村の小代官であるかである。書式からは判断できないが、「菟角向後彼藤守西浦へ被レ遣間敷旨」という文言から、「西浦小代官藤守」は西浦地域の人間ではなく、他所から派遣されてきた人間であることがうかがえる。郷村の小代官には在村の百姓が任命されたと考えられるから、「西浦小代官藤守」は郷村の小代官とは考え難い。一方、「何々代官代」は代官の被官であり、代官に支配されている（表2）ことを考えると、藤守が代官とともに他所から派遣された人間であることは十分ありうる。したがって、史料五に現れた「西浦小代官藤守」は郷村の小代官より、代官手代である蓋然性が高い。

また、先行研究では、史料五を用いて、郷村の小代官の非分だけでなく、郷村の小代官が年貢を徴収する時に、年貢計量への関与は北条氏から禁じられていたと論じている[47]。しかし、「西浦小代官藤守」が代官手代であれば、あくまで代官手代の関与の禁止であろう。したがって、その事例からただちに郷村の小代官も年貢計量に関与できないとはいえない。

そこで、郷村の小代官の各役銭徴収に関する史料を見てみたい。まず、「田名小代官百姓中」に宛てた永禄一二年八月二〇日付北条氏康朱印状[48]には「升取ハ如二近年一相定、地下人計可レ申、升之上少も無二高下一、平ニ可二計納一、若請取奉行兎角申ニ付者、速可レ捧二目安一旨、当年改而被二仰出一候」という文言がある。そして、「白子小代官百姓中」に宛てた元亀二年八月一九日付北条家朱印状写[49]には「計手者、近年如二御定一、百姓計可レ納、升之上過上蔵奉行申付候者、則認二目安一可㆓申上㆒事」という文言がある。

これらの史料からは、百姓・地下人（百姓＝地下人）が年貢や各役銭の計り手となっていることが読み取れる。郷村の小代官はこの「地下人」に入るであろうか。先行研究はそれを否定するが、次の史料を検討してみたいと思う。

【史料六】　北条氏康朱印状(50)

卯歳懸銭、但、六月分、

右、中嶋郷（相模国西郡）懸銭、前々高辻百九十四文也、来七月晦日を切而、必々可㆑致㆓皆済㆒、相定分銭候間、不㆑及㆓催促㆒、急度可㆑致㆓皆済㆒、此上致㆓無沙汰㆒付者、奉行人済々可㆑被㆓指越㆒間、自㆓地下中㆒くりやもたひ可㆑致㆑之者也、仍如㆑件、

（中略）

（永禄十年）丁卯　六月廿四日（「武栄」朱印）

中嶋郷小代官
百姓中

史料六は懸銭の徴収に関するものである。文中に「地下中」の文言があるが、これは宛先の郷村の小代官と百姓中を含める言い方だと考えられる。換言すれば、「地下中」＝郷村の小代官＋百姓中であり、郷村の小代官は百姓層を指す「地下中」に入ると考えられる。前述したように、郷村の小代官は在村の有力百姓が任命される可能性が高いと考えるが、ここで郷村の小代官に在村の百姓が任命されることが一層明らかになる。したがって、先行研究のように、郷村の小代官は年貢計量の関与から排除されたという見方は、北条氏が郷村の小代官を設置した目的を見落とすおそ

れがある。

以上の史料からは、年貢や各役銭の上納の場で、計量・換算の時に、収納者（奉行など）と百姓の間でトラブルが発生していたこともうかがえる。郷村の小代官は有力百姓として、計量などに関する一定の知識を持っていたと考えられる。彼らを郷村の小代官に任用することで年貢や各役銭の徴収の際の奉行と百姓とのトラブルを防ぎ、奉行の非分の場合には、郷村の小代官に百姓とともに目安を持って上訴を命じることで、非分による百姓の「退転」や反発をある程度防ぐことができたであろう。

では、郷村の小代官は以上の役割を果たすことで、北条氏からどのような利益を享受したであろうか。前述したように給分を示す史料はないが、彼らは役銭免除などの特権を得ていたと考える。その反面、彼らが年貢・役銭徴収などの役割を十分に果たせない場合は、「百姓・小代官共ニ可レ被レ処ニ罪科一旨、被ニ仰出一候」（史料四）、「永可レ被レ為ニ遠嶋一到レ于ニ重科一之（者）可レ切レ頸者也」[51] などとあるように、北条氏は厳しい処罰を行うことを宣言している。

以上により、年貢・各役銭徴収の責任者（特に計量の補佐役）、奉行・代官・代官手代としての小代官の非分防止や監督が、北条氏が郷村の小代官に与えた役割と考えられる。

6 まとめ

以上検討してきたことを、北条氏の西浦地域支配という視点からまとめておく。

西浦地域は北条氏の直轄領として、派遣された代官の支配を受けていた。代官の在地性は希薄で、代官手代としての小代官が設置され、北条氏と代官によって把握されていた。代官は常に在地していたわけではないが、土豪層による在地秩序に介入できず、在地の問題に実質的に対応できなかったとまではいえない。

北条氏は直轄領の西浦を代官とその手代に支配させるといっても、西浦地域に直接に関与しないわけではない。史料五に示したように、代官の手代の「西浦小代官藤守」が西浦で非分を起こした時に、百姓は北条氏に上訴して、北条氏により処分がなされた。

さらに重要なのは、北条氏は西浦地域に在住する大川氏などの土豪層を郷村の小代官に任命したことである。これらの郷村の小代官は代官と主従関係を持たず、北条氏に直接に把握されている。

佐脇氏と黒田氏は、北条氏は郷村の小代官の設置により、代官支配を郷村から排除したと考えている。しかし、西浦地域に限ってみれば、代官支配が天正年間までずっと継続している。そして、もし代官支配を排除するなら、代官手代としての小代官も郷村から排除されるはずである。しかし、史料五のように、天正五年に「西浦小代官藤守」は年貢を収納する時に不正を起こし、排除されたが、その後、表3の天正七年と一二年に、北条氏は西浦地域の代官手代（安藤代）に文書を送っている。代官手代としての小代官を郷村支配から排除しようとする意図は見られない。

筆者は、「郷村名小代官百姓中」＝郷村の小代官の設置について、年貢・公事などの徴収を円滑に済ませるという北条氏の意図のもとに行われたと述べたが、それは代官支配を否定するための政策とは考えない。

おわりに

本章は西浦地域における二つの小代官の存在を明らかにし、「郷村名小代官百姓中」＝郷村の小代官を考察する時に、「何々代官代」としての小代官と区別する必要性を述べた。それを踏まえて、郷村の小代官に注目しながら、北条氏と西浦土豪層・百姓による在地秩序との関係について改めて検討した。具体的な論点は本論に記したので、ここでは省略する。

郷村の小代官は西浦地域のような直轄領だけではなく、給人領も含め、北条領国に広範に存在していた。これらの郷村の小代官は北条氏の支配下にあってさまざまな役割を果たしていたが、年貢や各役銭の計量の補佐役を果たすことにより、奉行・代官・代官手代としての小代官の非分防止や監督の役割を果たしたことを特に強調したい。そして、郷村の小代官の設置は直轄領の代官支配を排除する政策ではないと筆者は考える。郷村の小代官をより詳細に検討することで、北条氏の郷村支配政策のイメージはいっそう鮮明になるであろう。

一方、北条氏の郷村宛の文書には、「小代官・名主・百姓頭」を並列して記載するものがある。この名主・百姓頭は小代官といかに関わっているであろうか。北条氏の郷村支配をいっそう深めて考えるためには、この問題を無視してはならないが、これは今後の課題としたい。

註

（1）福田英一「戦国末期から近世初期の伊豆内浦漁村における在地秩序」（峰岸純夫編『日本中世史の再発見』吉川弘文館、二〇〇三年）は、戦国期から近世初期の内浦湾諸村に関する研究を、①立網漁の生産形態や収益配分権、貢租負担を中心とした漁業史研究、②兵漁分離、検地、近世封建制成立史の観点からの研究、③北条氏支配下での貢租負担や村落構造、土豪層の存在形態に関する研究など三つに分けている。

（2）大石慎三郎「漁村における近世封建制の形成―豆州内浦の場合―」（『近世村落の構造と家制度』御茶の水書房、一九六八年、初出一九五三年）、実方寿義「中世末期における海辺村落の構造―戦国大名後北条氏領豆州内浦の場合―」（『史叢』一二・一三合併号、一九六九年）など。

（3）上野尚美「戦国期伊豆における土豪層と後北条氏」（『沼津市史研究』六号、一九九六年）。

（4）前掲註（1）福田論文。

(5)　こうした問題点は、村落論に対する批判としても提示されている。池享『大名領国制の研究』(校倉書房、一九九五年)、同「中近世移行期における地域社会と中間層」(『戦国期の地域社会と権力』吉川弘文館、二〇一〇年、初出一九九九年)、池上裕子「戦国の村落」(『戦国時代社会構造の研究』校倉書房、一九九九年、初出一九九四年)などを参照されたい。

(6)　郷村支配のために設置された小代官のほかに、代官の手代としての小代官も存在していた。両者は異なる存在であり、本章の検討対象の一つである。詳しくは後述する。

(7)　『沼津市史』通史編原始・古代・中世(沼津市史編纂委員会・沼津市教育委員会編集、二〇〇五年)。

(8)　西浦地域の役負担については、『沼津市史』通史編のほかに、則竹雄一「北条領国下の年貢・公事収取体系」(藤木久志・黒田基樹編『定本・北条氏康』高志書院、二〇〇四年)、同「戦国～近世初期海村の構造―豆州江梨・西浦を中心に―」(池上裕子編『中近世移行期の土豪と村落』岩田書院、二〇〇五年)に詳しく論じられ、佐脇栄智『後北条氏の基礎研究』(吉川弘文館、一九七六年)、同『後北条氏と領国経営』(吉川弘文館、一九九七年)でも検討されている。

(9)　西浦地域の各階層について、前掲註(1)福田論文と前掲註(3)上野論文も論じている。

(10)　「西浦七ケ所」は『沼津市史』史料編古代・中世の中世二九四号(以下、『沼津市史』史料編古代・中世を『沼』と略し、「中世」のうちの史料番号を示す)、「西浦七ケ村」は『沼』七三〇号からうかがえる。ほかに「西浦五ケ村」の表記が『沼』三〇六号からうかがえる。

(11)　近世には西浦地域は「内浦」と表記されている。以上の七か村のほかに、小海と河内が含まれるようになった。戦国期には、小海は三津と同村であり、河内は海に面していないので、除外されていた。さらに、戦国期の史料に「西浦五ケ村」の表記があり、それは七か村から漁場環境の相違する久連と平沢が除外されていると考えられる。『沼津市史』通史編参照。

(12)　永禄二年の「小田原衆所領役帳」によると、松下氏は北条氏の御馬廻衆として、西浦に三三貫文の給地を持っているが、倉地氏は伊豆衆の一人として、西浦河内山堂に二四貫文のほか一四四貫文の給地を持っている。松下は三津に、倉地は河内に在郷する給人と考えられる。

(13)　北条家印判状(『沼』三二九号、長浜大川文書)。

(14)　『沼』三八八号は北条氏が遠州への廻船運送の役目を長浜の大川氏に命じた文書と考えられる。そして、『沼』六七八号は買い取った東海船を西浦から伊東まで長浜の大川氏を宰領とする船方によって送るよう北条氏が命じた文書である。東海船・廻船は三津にあるにもかかわらず、北条氏は三津在住の有力者（松下氏、大河氏）ではなく、長浜の大川氏にその運送を命じたことを考えると、長浜の大川氏の影響力が三津にも浸透していることがうかがえる。さらに、西浦七か所の船役銭の上納に関する北条家印判状（『沼』二九四号）が長浜大川文書に伝来することは、長浜の大川氏が西浦全体の有力者であることを示す。

（15）上野氏は、「土豪層は地頭としての給地を村内の一部に認められていたと考えられる」と推測するが（前掲註（3）上野論文、四五頁）、「小田原衆所領役帳」に西浦に所領が見られるのは三津の松下氏と河内の倉地氏であり、土豪の給地を示す史料は確認できない。

（16）『沼』二七九号、長浜大川文書。

（17）安藤良整書状（『沼』四九九号、長浜大川文書）。

（18）某長門等連署起請文（『沼』六八四号、長浜大川文書）。

（19）前掲註（3）上野論文、四六頁。

（20）『沼』補七八五号（菊池浩幸「『沼津市史　史料編』中世編　補遺（続）」（『沼津市史研究』一四号、二〇〇五年）。以下、『沼』補と略し、史料番号を示す。

（21）前掲註（1）福田論文、一九二頁。

（22）『沼』二四二号、長浜大川文書。

（23）『沼』四四〇号、土屋文書。

（24）各代官の手代を具体的にいうと、山角代―「さとう」（『沼』二七九号）と「山田」（『沼』三八六号）、伊東代―「小屋」（『沼』二七九号・三八六号）、安藤代―「大久保」（『沼』六三一号・六四五号）と「渡辺」（『沼』七四九号）などである。

（25）『沼』補七八八号、長浜大川文書。

（26）『豆州内浦漁民史料』下巻、一七一五号。

（27）菊池氏は『沼』補七八八号の解説では、「是ハ御検地之時、大草但馬守殿本帳移也」とある点に注目し、天文一二年の長浜検地（『沼』二七七号）で検地奉行は大草と推定できることなどから、天文一二年からさほど経ってない時期（おそらく永禄年間以前）

の史料とする。前掲註(20)菊池論文八〇頁。

(28) 代官の手代を「小代官」と呼ぶ事例は、直轄地の鎌倉でも見られる。佐藤博信「後北条氏被官後藤氏について」(『中世東国足利・北条氏の研究』岩田書院、二〇〇六年、初出一九七六年。五―四六頁)を参照されたい。そこでは、永正年間の大道寺氏の鎌倉代官赴任とともに、「大道寺氏＝鎌倉代官―後藤氏＝鎌倉小代官」という関係が成立したと述べられている。天文七年の段階で「小代官」の呼称(天文七年九月一八日付前立十一面観音立像胎内札銘、『改訂新編相州古文書』)が見られる。

(29) 勝守すみ「後北条氏御領所(直轄地)の研究」(『史潮』六九号、一九五九年)。

(30) 黒田基樹「北条領国における『小代官』と『名主』」(『戦国大名北条氏の領国支配』岩田書院、一九九五年、初出一九九三年)、同「北条領国における郷村と小代官」(『中近世移行期の大名権力と村落』校倉書房、二〇〇三年、初出一九九六年)。佐脇栄智「後北条領国の小代官」(前掲註(8)著書『後北条氏と領国経営』、初出一九九四年)、同「後北条氏の郷村支配とその役人」(同前、初出一九九六年)。

(31) 『沼』三八六号、相磯文書。

(32) 『沼』三八一号、相磯文書。

(33) 郷村名の下に小代官と百姓中が並列されている書式について、より詳しく見ると、「木負小代官百姓中」のほかに、「田名之郷小代官百姓中」(『戦国遺文後北条氏編』七八九号、杉山博・下山治久編、東京堂出版。以下、『戦』と略し、文書番号を付記する)もある。両者は、郷村名と「小代官百姓中」との位置に少し違いがあるが、同じ存在の小代官と考える。

(34) 両文書は書式だけではなく、発給の経緯にも相違があるようである。両者は、年貢・公事などの納法に関するものだが、史料三は、「西浦之内　木負村御年貢納様之事」とあるように、北条氏は直接に木負村の年貢納法について「山角代」「伊東代」と百姓中に印判状を下したものであり、史料四に見られる百姓からの詫言を考慮した上で、年貢などの納法を決めている。一方、史料四は、「西浦木負百姓退転之由、御侘言就二申上一御赦免条々」とあるように、木負の小代官と百姓中が北条氏に退転の詫言をした結果、北条氏が印判状を下し、具体的な免除方法をいい渡したものである。

(35) 『沼』三〇六号、長浜大川文書。

(36) なお、表4にあげた天正一七年八月二六日付北条家印判状(『沼』六八一号)の宛先には「西浦小代官百姓中」とあり、「木負小代官百姓中」のような具体的な郷村名はない。しかしこの文書は土屋文書（土屋氏は重須の土豪）に伝来しており、実際には西浦の重須に送られた可能性が高い。

(37)「代官」の前に「小」が脱落した事例がある。たとえば、永禄一二年八月二〇日付の北条氏康朱印状（『戦』一三〇〇号、陶山静彦氏所蔵江成文書）の宛先に「田名小代官百姓中」とあるが、本文には「当代官・百姓ニ力を合、可相調者也」とあり、これは「代官」の前に「小」が抜けたと考えられる。

(38) 佐脇氏は、郷村の長としての小代官が永禄年間以前・以後の史料に「代官」と呼ばれている可能性を指摘している。しかし、氏が事例として取り上げたのは道祖土氏など土豪層代官である。道祖土氏らは史料上確かに「代官給」が給与される「代官」であったが、氏はそれらの代官給の郷村の貫高に対する割合が「小代官給」のそれと見られることから、道祖土らを「小代官」と見てよいと結論した（前掲註(30)佐脇論文「後北条氏の郷村支配とその役人」二一一頁、同「『地頭代官』か『地頭・代官』か」〈前掲註(8)著書『後北条氏と領国経営』、初出一九九六年〉二二四〜二二五頁）。黒田氏は駿河国口野地域の植松氏の事例をあげて佐脇氏の意見に賛成するが（前掲註(30)黒田論文「北条領国における郷村と小代官」）、池上裕子氏は「北条領国の小代官をめぐって」（前掲註(5)池上著書、初出一九九六年）において、「植松氏は果たして小代官であろうか」と疑問を呈している。筆者も道祖土氏らは山角氏・伊東氏などの代官と比べれば、階層的には確かにレベルが異なるが、彼ら土豪層代官を郷村の小代官と同一レベルの存在と考える佐脇氏の見解には賛成できない。史料一・史料二に現れた「小代官給」はあくまでも山角代・伊東代など代官の手代の給分であり、郷村の小代官に「小代官給」として給分を与えた史料は見当たらない。したがって、道祖土氏ら土豪層代官を郷村の小代官と同一視する見方はかえって土豪層代官の実像を曖昧化することになると考える。この点については、第一部第四章をも参照されたい。

(39)『沼』二七七号、長浜大川文書。

(40)『沼』二八二号、長浜大川文書。

(41) 小和田哲男「戦国大名後北条氏の権力機構」（『後北条氏研究』吉川弘文館、一九八三年、初出一九七三年）。ただし、黒田氏は、北条氏のもとで「名主」を務めた家に伝来した可能性も指摘する（前掲註(30)黒田論文「北条領国における『小代官』と『名主』」、四四頁）。

(42) 北条家朱印状、『戦』一八三七号、堀江恭一氏所蔵文書。
(43) 大石学「武州多東郡中野郷と小代官堀江家」(『多摩のあゆみ』四六号、一九八七年)。
(44) 前掲註(41)小和田論文、下山治久「後北条氏の郷村支配と小代官」(『藤沢市史研究』八号、一九七六年)、前掲註(30)佐脇、黒田論文。
(45) 前掲註(44)下山論文、前掲註(30)黒田論文「北条領国における郷村と小代官」。
(46) 『沼』五二七号、長浜大川文書。
(47) 前掲註(45)と同じ。
(48) 『戦』一三〇〇号、陶山静彦氏所蔵江成文書。
(49) 『戦』一五〇六号、新編武蔵国風土記稿新座郡六。
(50) 『戦』一〇二六号、和田順三郎氏所蔵文書。
(51) 前掲註(49)文書。

第二章　戦国大名北条氏の郷村支配と「小代官」

はじめに

戦国大名北条氏は、郷村を単位として検地を行い、年貢・段銭・懸銭・棟別銭などを賦課・徴収したが、それは北条氏が領国内の郷村宛に発給した文書を通じてわかる。その一部の文書の宛先を見ると、「百姓中」のほかに「小代官」（以下、これを郷村の小代官と呼ぶ）(1)がその前に記されているものがよく見られる。この郷村の小代官については、北条氏の郷村支配の一環としていち早く議論されてきた。一九七〇年代半ばまでは権力論のもとで、大名による在地支配の貫徹度が議論の中心となったが、郷村の小代官も、その方向性における一政策として位置づけられていたといえる(2)。

その後、大名権力を相対化し、村落を権力に対して主体性を持っている存在と提唱する村落論が展開されてきた(3)。北条氏の郷村支配について黒田基樹氏は、「郷請」の上で成り立っており、郷村の小代官の任用も、郷村側が公方役などの納入を請負うことを条件として、代官・給人の恣意的収奪の軽減化のために獲得したものと、郷村の主体性を強調している(4)。

このように、先行研究において、小代官の北条氏の郷村支配における位置づけや、小代官を通じた北条氏の郷村支配についての評価には、大きな違いが見られる。そして、郷村の小代官とは異なる類型の「小代官」の存在も見落とされている。筆者が前に、伊豆国西浦地域における小代官を検討したところ、郷村の小代官のほかに、代官の手代としての小代官も存在することが明らかになり、この二類型の小代官の間には大きな相違点があることを指摘した(5)。しかしながら、先行研究では、郷村の小代官を中心に議論しているにもかかわらず、これと代官の手代としての小代官とを区別しないまま議論が進められていた。その結果、郷村の小代官の実像、さらに北条氏による郷村支配の実態も、曖昧なところが多く残されているといわざるをえない。

そこで、本章では、西浦地域において検討した成果を踏まえた上で、北条領国全体に視野を広げて、郷村の小代官の実像をできる限り明らかにし、その検討を通じて、北条氏による郷村支配について改めて考えたい。

一　郷村の小代官と代官の手代としての小代官—西浦地域を通じて—

伊豆国西浦地域には、北条氏の直轄領として豊富な関連文書が残されている(6)。前述したように、西浦地域には、郷村の小代官と代官の手代としての小代官の、二類型の小代官の存在が認められる。行論の都合上、まず、両者の相違点を改めてまとめ、先行研究の問題点を提示したい。

「小代官」に二類型が存在することは、以下の史料を通じてわかる。

【史料一】　北条氏康印判状(7)

西浦木負百姓退転之由、御侘言就㆓申上㆒御赦免条々、

一弐拾三貫六百五十七文　田年貢以㆓精銭㆒可㆑納、精銭無㆑調付者、以㆑米可㆑納、百文ニ可㆑為㆓一斗四升目之積㆒

（中略）

右条々、御赦免之上、御年貢并諸役銭、御定如二御日限一無二々沙汰一可レ致二皆済一、猶致二無沙汰一付者、百姓・小代官共ニ可レ被レ処二罪科一旨、被二仰出一候、仍如レ件、

（永禄九年）
丙寅
閏八月七日　（「武栄」朱印）　幸田与三奉

木負
小代官
百姓中

【史料二】北条氏康印判状(8)

西浦之内
木負村御年貢納様之事

一弐拾三貫六百五十七文　田之年貢以二米穀一可レ納レ之、員数ハ可レ随二其年之納法一

（中略）

右、百姓退転之由、御侘言申上間、以二御憐愍一、三ケ年之間塩年貢ニ被二相定一畢、田畠荒地令二開発一、郷中無レ恙様ニ仕立可レ申者也、仍状如レ件、

（永禄一一年）
戊辰
卯月十八日　（「武栄」朱印）

伊東代

小屋
山角代
山田
木負村百姓中

史料一と史料二は北条氏康がそれぞれ永禄九年（一五六六）と同一一年に、西浦地域の木負村に下した印判状だが、両者の宛先を比べてみれば、書式が異なることがわかる。前者は郷村名の下に小代官と百姓中が並列されていながら、小代官の苗字が書かれていない。この書式に現れる小代官、すなわち郷村の小代官は西浦地域だけでなく、表6「北条領国における郷村の小代官関係文書一覧」に示したように、北条領国のほかの多くの地域においても分布している(9)。一方、後者史料二に現れる「小屋」と「山田」は、西浦地域の代官を務める伊東政世と山角康定の手代と見られるが、「伊東代」とあるように、「何々代官代」と明確に代官の手代であることを示している。このように、宛先の書式が明確に異なっていることがわかるが、この書式の相違はたんなる偶然によるものではなく、両者の小代官は別の存在と考えるべきと思われる(10)。

一方、この二つの小代官を区別せずに議論を行う先行研究では、郷村の小代官に給分がある証拠として、下記の史料を使用している。

【史料三】　大川兵庫・同隼人連署覚書(11)

（前略）

御代官分
拾貫文　田畠御年貢之分

四貫文　　　　　　　　　同　　小代官分

（下略）

これは天正一八年（一五九〇）のものと考えられるが、「前々西浦七ケ村より御納所大方覚申候分」とあるように、北条氏時代の西浦七か村からの諸役上納である。これによると西浦地域代官の給分（「御代官分」）には四貫文の「小代官分」が含まれているが、代官が実際にもらうのは「拾貫文」の「田畠御年貢之分」であった。

佐脇栄智氏と黒田基樹氏は、この史料に見える「小代官分」を郷村の小代官の給分とし、それを根拠にして、郷村の小代官一般に給分が与えられていたと結論づける(12)。しかしながら、次の史料四と合わせてみれば、ここの「小代官分」は郷村の小代官ではなく、史料二に現れた「小屋」、「山田」、すなわち代官の手代としての小代官の給分であることがわかる。

【史料四】　西浦地方年貢本増方書立写(13)

（端裏書）
「西浦御検地之本増移也」

西浦地方御年貢本増出方

一廿一貫八百卅八文　本増三津分

但七貫文本年貢也　　但此内引方

十貫文両大代官給

四貫文両小代官給

七貫八百卅八文御公方へ定納

（下略）

この史料は年代未詳だが、「十貫文両大代官給」と「四貫文両小代官給」との記載から、西浦地域の両代官伊東氏・山角氏と彼らの手代の給分であることが明らかである。したがって、史料三に記載されている「拾貫文」の「田

表6　北条領国における郷村の小代官関係文書一覧

番号	年月日	文書名	宛先	内容	出典・備考
1	永禄4(ヵ)(1561). 3.30	北条家朱印状	小やわた小代官・百姓中	鯛の調達	戦689号(相模国西郡)
2	永禄5(1562). 9.24	北条家朱印状	田名之郷小代官・百姓中	諸役銭の納法	戦789号(相模国東郡)
3	永禄7(1564). 11.10	北条家朱印状	岩・真名鶴小代官・百姓中	肴などの売買についての規定	戦878号(相模国西郡)
4	永禄8(1565). 5.25	北条家朱印状写	駒林郷小代官・百姓中	正木棟別銭の納法	戦907号(武蔵国橘樹郡)
5	永禄8(1565). 5.25	北条家朱印状写	成瀬郷小代官・百姓中	同上No. 4	戦908号(武蔵国多摩郡)
6	永禄9(1566). 6.10	北条氏康朱印状写	国府津小代官・舟持中	食料の調達	戦953号(相模国西郡)
7	永禄9(1566). 8.23	北条家朱印状	田名小代官・名主・百姓中	諸役銭の納法	戦969号(相模国東郡)
8	永禄9(1566). 閏8.7	北条氏康朱印状	木負小代官・百姓中	年貢・諸役銭の免除と納法	戦975号(伊豆国田方郡)
9	永禄10(1567). 6.24	北条氏康朱印状	中嶋郷小代官・百姓中	懸銭の納法	戦1026号(相模国西郡)
10	永禄11(1568). 8.10	北条氏康朱印状	田名之郷小代官・百姓中	同上No. 7	戦1090号(相模国東郡)
11	永禄11(1568). 8.10	北条氏康朱印状写	小川小代官・百姓中	同上No. 7	戦1091号(武蔵国多摩郡)
12	永禄12(1569). 7.2	北条氏康朱印状	桑原郷小代官・百姓中	箱根竹の調達	戦1274号(伊豆国田方郡)
13	永禄12(1569). 8.20	北条氏康朱印状	田名小代官・百姓中	同上No. 7	戦1300号(相模国東郡)
14	永禄12(1569). 12.27	北条家朱印状	礒辺小代官・名主中	郷村から城留守番を召集すること	戦1366号(相模国東郡)
15	永禄12(1569). 12.27	北条家朱印状	田名小代官・名主	同上No. 14	戦1367号(相模国東郡)
16	元亀1(1570). 2.15	北条家朱印状	小代官	人足役の賦課	戦1381号(相模国中郡)
17	元亀1(1570). 4.20	北条氏康朱印状写	寺尾百姓中	同上No. 4	戦1413号(武蔵国橘樹郡)
18	元亀2(1571). 3.7	北条家朱印状写	富部両分小代官・名主	同上No. 14	戦1465号(武蔵国久良岐郡)
19	元亀2(1571). 4.晦日	北条家朱印状写	酒匂・柳下百姓中	同上No. 4	戦1479号(相模国西郡)
20	元亀2(1571). 8.19	北条家朱印状写	白子小代官・百姓中	同上No. 7	戦1506号(武蔵国新座郡)
21	元亀2(1571). 8.?	北条家朱印状	欠	棟別銭の納法	戦1508号
22	天正3カ(1575). 9.9	北条家朱印状	田名代官・百姓中	水損による諸役銭の免除と納法	戦1803号(相模国東郡)
23	天正3カ(1575). 9.9	北条家朱印状写	駒林小代官・百姓中	同上No. 22	戦1804号(武蔵国橘樹郡)
24	天正4(1576). 3.晦日	北条家朱印状	阿佐ヶ谷小代官・百姓中	江戸中城塀四間の修理	戦1837号(武蔵国多摩郡)
25	天正8(1580). 5.22	北条家朱印状写	網代小代官・百姓中	干鯛とスルメの調達	戦2170号(伊豆国賀茂郡)
26	天正12(1584). 3.21	北条家朱印状写	江戸宿小代官・百姓中	正木棟別麦の納法	戦2656号(武蔵国豊島郡)
27	天正12(1584). 3.21	北条家朱印状	中野･阿佐ヶ谷小代官･百姓中	同上No. 26	戦2657号(武蔵国多摩郡)
28	天正12(1584). 3.21	北条家朱印状	戸口小代官・百姓中	同上No. 26	戦2658号(武蔵国入間郡)
29	天正13(1585). 8.23	北条氏政朱印状	須賀小代官・舟持中	大成鯛の調達	戦2847号(相模国中郡)

30	天正15(1587). 7.晦日	北条家定書	栢山小代官・百姓中	戦闘員の徴発	戦3133号(相模国西郡)
31	天正15(1587). 7.晦日	北条家定書	中嶋小代官・百姓中	同上No. 30	戦3134号(相模国西郡)
32	天正15(1587). 7.晦日	北条家定書写	広川小代官・百姓中	同上No. 30	戦3135号(相模国中郡)
33	天正15(1587). 7.晦日	北条家定書写	三増小代官・百姓中	同上No. 30	戦3136号(相模国中郡)
34	天正15(1587). 7.晦日	北条家定書	岩瀬小代官・百姓中	同上No. 30	戦3137号(鎌倉・相模国東郡)
35	天正15(1587). 7.晦日	北条家定書	鵜之森小代官・百姓中	同上No. 30	戦3138号(相模国東郡)
36	天正15(1587). 7.晦日	北条家定書写	木古葉小代官・百姓中	同上No. 30	戦3139号(相模国三浦郡)
37	天正15(1587). 7.晦日	北条家定書	佐原小代官・百姓中	同上No. 30	戦3140号(相模国三浦郡)
38	天正15(1587). 7.晦日	北条家定書	永田小代官・百姓中	同上No. 30	戦3141号(武蔵国久良岐郡)
39	天正15(1587). 7.晦日	北条家定書写	柏木・角筈小代官・百姓中	同上No. 30	戦3142号(武蔵国多摩郡・豊島郡)
40	天正15(1587). 7.晦日	北条家定書	上石原鈴木分小代官・百姓中	同上No. 30	戦3143号(武蔵国多摩郡)
41	天正15(1587). 7.晦日	北条家定書	欠	同上No. 30	戦3144号
42	天正15(1587). 7.晦日	北条家定書	本郷小代官・百姓中	同上No. 30	戦3145号(武蔵国入間郡河越)
43	天正15(1587). 7.晦日	北条家定書	大井小代官・百姓中	同上No. 30	戦3146号(武蔵国入間郡)
44	天正15(1587). 7.晦日	北条家定書	大袋小代官・百姓中	同上No. 30	戦3147号(武蔵国入間郡)
45	天正15(1587). 7.晦日	北条家定書写	増形小代官・百姓中	同上No. 30	戦3148号(武蔵国入間郡)
46	天正15(1587). 10.17	北条家朱印状写	江間之内今井源五郎分小代官・百姓中	増収する段銭の納法	戦3193号(伊豆国田方郡)(田方郡重須にも同じ内容の文書が発給されたが，宛先が重須百姓中である。戦3192号)
47	天正15(1587). 11.28	北条家朱印状	小曽禰郷小代官	大和竹の調達	戦3224号(相模国東郡)
48	天正16ヵ(1588). 7.22	北条氏政掟書写	酒匂本郷小代官・百姓中	戦闘員の徴発，武具などについての規定	戦3349号(相模国西郡)
49	天正16ヵ(1588). 7.23	北条氏政掟書写	木古葉小代官・百姓中	同上No. 48	戦3350号(相模国三浦郡)
50	天正16ヵ(1588). 7.26	北条氏政朱印状写	駒林小代官・百姓中	同上No. 48	戦3353号(武蔵国橘樹郡)
51	天正17(1589). 8.26	北条家朱印状	西浦小代官・百姓中	しひのたりの調達	戦3489号(伊豆国田方郡)
52	天正17(1589). 11.16	北条家朱印状	千津嶋小代官・百姓中	人足の徴発	戦3544号(相模国西郡)
53	天正18(1590). 1.5	北条家朱印状写	鴨井小代官・百姓中	普請人足の徴発	戦3605号(武蔵国都筑郡)
54	天正18(1590). 2.23	北条家朱印状	本郷小代官・百姓中	去年未進の蔵米皆済の催促	戦3655号(武蔵国入間郡河越)
55	天正18(1590). 2.23	北条家朱印状写	福岡なら分・沼間分小代官・百姓中	同上No. 54	戦3656号(武蔵国入間郡)
56	年未詳 3.27	北条家朱印状	須賀小代官・舟持中	舟の徴用	戦3789号(相模国中郡)

畠御年貢之分」（実際の代官給）と「四貫文」の「小代官分」は史料四と同一のものであり、代官とその手代としての小代官の給分である(14)。

このように、文書の書式と給分の問題を通じて、二類型の小代官を区別する必要性が明らかとなる。先行研究は二類型の小代官を区別せずに検討を行ったために、給分の問題だけでなく、郷村の小代官を設置する主体、設置の理由、さらに郷村の小代官に任命される人間の身分などの諸問題についても、曖昧なところが多く残されている。次に、西浦地域の検討を踏まえ、北条領国全体に視野を広げて検証したい。

二　郷村の小代官を設置する主体

郷村の小代官を設置した主体の問題について、西浦地域に即して見れば、郷村の小代官に宛てた文書はほぼ北条氏当主の印判状であり、代官からの文書は一通もない(15)。これに対して、代官手代の小代官に宛てた文書には、北条氏当主と代官の双方からのものがある(16)。したがって、筆者は、代官手代の小代官が北条氏と代官と両方に掌握されたのに対して、郷村の小代官は北条氏当主によって設置され、当主だけに直接把握されていると推定した。

そこで、黒田基樹氏が作成した「『小代官』所見文書目録(17)」を見れば、確かに北条氏当主が発給した文書がほとんどであるが、しかしその中に、当主ではなく、北条氏勝のように北条氏一族が発給した文書も何通か入っている。黒田氏は、郷村の小代官を実際に任命したのは代官や給人で、北条氏当主がそれを公認したと指摘した。しかし一方で、後に検討する郷村の小代官が設置された理由として、氏は、代官や給人の支配によって郷村の退転が生じ、公方役が納入されない状況への北条氏の対応策と説明しているが、設置の主体やその理由の説明は曖昧である。

北条氏勝らが「小代官」に発給した文書は、北条氏当主が郷村の小代官に宛てた文書と比べると書式が明らかに異なるため、その「小代官」がはたして郷村の小代官であるのかを、詳しく検討する必要があると考えられる。

1　北条氏当主が発給した文書に見られる「小代官」

表6を見ると、すべて北条氏当主が発給した文書であるが、その宛先の書式に注目すると、史料一のように、「郷村名＋小代官・百姓中(18)」とおおむね統一されていることがわかる(19)。郷村の小代官は北条氏当主と密接な関係を持っており、北条氏当主に直接に把握されている可能性が高いことが推測される(20)。

2　北条氏一族が発給した文書に見られる「小代官」

前述したように、黒田氏が作成した「『小代官』所見文書目録」には、当主ではなく、北条氏一族が発給した文書が何通か入っているが、それらの文書に現れる「小代官」は、郷村の小代官と同じものであろうか。次に、玉縄城主の北条氏勝が萩野主膳亮に宛てた文書を中心に、詳しく検討しよう。

【史料五】　北条氏勝判物(21)

（切紙）
前々大藏屋敷、近年手前ニ指置候處ニ、侘言候間、其方ニ任置候、大藏立山木、能茂候由及聞候、猶念を遣、竹木一本も不二切取一可レ被レ立候事、尤至極ニ候、用所之時節者、可二所望一候、必々無レ届之子細候者、可二召放一候、猶給之儀も、其方存分ニより、又以二時節一可二申付一候、此奏者相替候者、可二相違一候、為二後日一以二證文一申出候者也、仍如レ件、

天正十年壬午

奏者者行與（行方與次郎）

五月四日　　氏勝（北条）（花押）

荻（萩）野主膳亮殿(22)

【史料六】　北条氏勝判物

（切紙）奏者者行方與次郎殿

大藏給此度其方ニ出置候、着到以下無二相違一可二走廻一候、并小代官も如二前々一申付候、少も如在之儀有レ之者、
給小代官共ニ可二召上一候、猶抽而奉公立も候者、彌可二引立一者也、仍如レ件、

天正十年壬午

十月廿三日　　氏勝（北条）（花押）

荻（萩）野主膳亮殿

史料五によると、天正一〇年（一五八二）五月四日に、萩野主膳亮の詫言によって、北条氏勝は大蔵（地名）の屋敷を萩野氏に安堵した。ただし、大蔵からは山木の産出が豊富と聞いたので、勝手に切取ることは禁じた。使用したい時は届けてほしいが、無沙汰の場合は屋敷を没収する。存分に働いたら、また後日に給分を与えるという。そして、氏勝は同年一〇月二三日に史料六を発給して、史料五で約束したように、大蔵の給分を萩野氏に与えて、着到以下の軍役と、従来通り小代官も務めてほしいが、如在があれば、給分と小代官職の両方を没収する、と通達したのである。

以上二点の史料を通じて、萩野主膳亮は北条氏勝の家臣として、給分をもらい、着到の軍役を負担するほかに、大蔵の小代官も務めていたことがわかる。

しかしながら、黒田氏らが指摘したように、萩野氏が務める大蔵の小代官は、はたして郷村の小代官と同一視して

よいのであろうか。それとも、西浦地域で見られるように、代官の手代として、「給分」をもらいながら代官の役割を分担する、もう一類型の小代官であろうか。

もし、萩野氏を郷村の小代官と推定すれば、郷村の小代官は北条氏当主だけではなく、その一族も任命権を握っていることになる。そうであれば、郷村の小代官宛の文書には、北条氏当主のほかに、その一族等が発給する同じ書式の文書も存在するはずである。しかし、調べてみれば、その一族が発給した文書には、「郷村名＋名主・百姓中」という書式しか残っていない(23)。これは、たんなる史料残存の状況による現象であろうか。次に、武蔵国大井郷の事例を通じて、この問題の検討を進めていきたい。

【史料七】　北条家定書(24)

定

一、於二当郷一不レ撰二侍・凡下一、自然御国御用之砌、可レ被二召仕一者撰出、其名を可レ記□（事）、但弐人、

一、此道具弓・鑓・鉄炮三様之内、何成共存分次第、但鑓ハ竹柄にても、木柄ニ而も、二間より短ハ無用ニ候、然者號二権門之被官一不レ致二陣役一者、或商人、或細工人類、十五・七十を切而可レ記之事、

一、腰さし（差）類之ひらく、武者めくやうニ可レ致二支度一事、

一、よき（能）者を撰残、夫同前之者申付候者、当郷之代官何時も聞出次第、可レ切レ頸事、

一、此走廻を心懸相嗜者ハ、侍にても、凡下ニ而も、随レ望可レ有二御恩賞一事、

已上

右、自然之時之御用也、八月晦日を限而、右諸道具可レ致二支度一、郷中之請負、其人交名以下を八、来月廿日ニ触口可二指上一、仍如レ件、

丁亥（天正十五年）　七月晦日（虎朱印）

（武蔵国入間郡）太［大］井小代官
百姓中

これは天正一五年に豊臣秀吉との戦いに備えるために、北条氏当主が複数の郷村に宛てて発した人改め令であるが、(25)百姓戦闘員の徴発の責任を、郷村の小代官に負わせていることがわかる。

一方、年未詳であるが、北条氏一族宗哲も、大井郷に朱印状を出している。

【史料八】　北条宗哲朱印状(26)

為二雇押立一十五人□五疋□、自二鯨井郷（武蔵国高麗郡）一上二給知一也、兵粮急度可レ届、就レ□（不）レ出者、可レ為二曲事一者也、仍如レ件、

（年未詳）正月［九カ］□日（「静意」朱印）
大井（武蔵国入間郡）□□中（百姓）
同　名主

これは、北条宗哲が大井郷の百姓中や名主に対して、鯨井郷からの兵糧を早く届けるよう命じたものである。ここで注目したいのは、以下の点である。すなわち、大井郷に小代官が存在していることが史料七により明らかであるから、宗哲が兵糧の運送を大井郷の小代官に命令するのは当然のように考えられる。しかしながら、史料八の宛先を見ればわかるように、「大井百姓中・同名主」と記されており、「小代官」は出てこない(27)。

大井郷の事例は、ただの偶然ではないと考える。名主宛の文書には、宗哲のような北条氏一族や私領の領主（代官）たちが発給したものが多くあると同時に、北条氏当主が発給したものも存在する。ただし、両者が出した文書の宛先に注目すると、一つの違いが明らかとなる。すなわち、北条氏当主が発給した文書の多くは、表6―7「田名小代官・名主・百姓中」のように、宛先に名主が出てくる場合は、小代官と一緒に記されていることが多い。(28)

それと対照的に、北条氏一族や領主（代官）が発給した文書の宛先は「郷村名＋名主＋百姓中」か「郷村名＋名主」か「郷村名＋百姓中」の書式がほとんどであり、「小代官」は一切出てこない。

したがって、北条氏一族や領主（代官）の文書の宛先に「郷村名＋小代官」という書式が出てこないのは、偶然でも、史料残存の状況によるものでもなく、郷村の小代官は北条氏当主が設置し、北条氏当主だけに把握されている役職であることを示すと考えられる。一方、北条氏一族や領主が自分の領地に任命した小代官は、郷村の小代官とは関係がない、もう一類型の小代官、すなわち直轄領における代官の手代としての小代官と同様なものであると考えられる。

こうした型の小代官は、郷村の小代官の設置と関係なく、御料所や給人領にすでに存在していたが、彼らは、西浦に見られた「小屋」など武将級代官の被官や、萩野氏のような給人の場合もあったと考えられる。身分構成を見れば、さまざまな階層の人間が存在するといえよう。

三　郷村の小代官の身分について

以上、郷村の小代官が北条氏当主により設置された役職であり、当主だけに把握されることを明確にした。一方、階層構成が複雑に見える代官の手代としての小代官と比べると、郷村の小代官は、身分的にどのような特徴を持っているのだろうか。これまでの研究では、二類型の小代官を区別しなかったため、郷村の小代官の身分を曖昧にとらえているといわざるをえない。一般に郷村の小代官宛の文書の所蔵者が、北条氏の下で小代官を務めた家であった可能性が高いと思われるが、本書の第一部第一章では、西浦地域を含む数か所に注目したところ、それらの文書の所蔵者が在地の有力百姓であることが判明した[29]。そのため、在地の有力百姓が任命された可能性が高いと推定したが、本節では、郷村の小代官が果たした役割と「名主」との関わりから、この問題の検討を深めていきたい。

まず、表6に基づいて、郷村の小代官が果たしている役目をまとめよう。それは、おおまかにいえば、年貢と各役銭の皆済（年貢より、各役銭徴収に関わるもののほうが多い）、各公事・夫役の調達、軍事緊迫の際の百姓戦闘員の徴発、と三種類に絞られている。これらの課役はいうまでもなく、いずれも北条氏にとって肝心なもので、現場ではトラブルが起きやすいものでもある。年貢と各役銭徴収に絞って見れば、「或年貢を百姓ニ不レ為レ計而手前にて相計」することや、「或升目を掟之外取候」など、徴収現場においてトラブルが頻繁に起きている。ただし、先行研究では、上記のトラブルを郷村の小代官の非分と見做し、そのため郷村の小代官が北条氏に年貢計量への関与を禁じられていたと論じている。しかし、第一部第一章でも指摘したように、その事例に現れた「西浦小代官藤守」[30]は、郷村の小代官より代官の手代である蓋然性が高いため、検討の余地があると考えられる。実際に、郷村の小代官と百姓中に宛てた各役銭の徴収に関する史料を分析すれば、「升取ハ如二近年一相定、地下人計可レ申、升之上少も無二高下一、平ニ可二計納一、若請取奉行兎角申ニ付者、速可レ捧二目安一旨、当年改而被二仰出一候」（相模国田名郷、表6—13）や、「計手者、近年如二御定一、百姓計可レ納、升之上過上藏奉行申付候者、則認二目安一可二申上一事」（武蔵国白子郷、表6—20）とあるように、計量をめぐって百姓中と収納担当者（奉行人など）との間に衝突が目立っている。そのため北条氏は、計量は「地下人」（＝百姓）に任せ、奉行などの非分を防ごうとしているのである。

ここで問題となるのは、「地下人」に郷村の小代官が入るかということだが、永禄一〇年（一五六七）六月二四日付に相模国中嶋郷小代官と百姓中に宛てた北条氏康朱印状[31]（表6—9）には、中嶋郷懸銭の皆済を催促したが、文末に「自二地下中一くりやもたひ可レ致レ之者也」との文言から、「地下中」は中嶋郷の小代官をも含めた表現と知られる。ここから郷村の小代官は、あくまでも現地の一員であると認識されていることがわかる。また、表6—17、19のように、文言に「小代官・名主・百姓」という表現がありながら、宛先に百姓中しかない場合があるが、これは、北条氏が小代官と名主を百姓中の一員と考えていることの表れではないだろうか。

以上の検討によって、郷村の小代官は、現地における有力百姓が任命される可能性が高いと思われる。彼らは計量などに関する一定の知識を持っていたと考えられ、彼らをこの職に任用することで、年貢と各役銭徴収の際の奉行と百姓とのトラブルを防ぎ、奉行などの非分の場合には、郷村の小代官に百姓とともに目安を持って上訴を命じることで、非分による百姓の「退転」や反発をある程度防ぐことができ、最終的に、年貢と各役銭徴収が円滑に進むことにつながることになろう[32]。

年貢と各役銭徴収のほかに、「たい三枚早々相調、明日持来」（相模国小八幡郷、表6—1）とあるように、郷村の小代官に緊急の公事調達を課す場合もよく見られる。また、百姓からの戦闘員徴発の際に、戦闘員の年齢や武具まで細かく要求しているが、それらの命令に迅速に対応するには、在地の有力な百姓でないと、なかなかその任を果たせないだろうと考えられる。

以上のように、郷村の小代官が果たした役割を通じて、在地の有力百姓が任用された可能性が高いことを推定した。

一方、前述したように、北条氏当主が発給した文書には、小代官が時々名主と一緒に記されているものが多く見られる。これは、郷村の小代官の身分を探るもう一つの手がかりと考えられる。

名主についての先行研究は、黒田基樹氏と池上裕子氏のものがあげられる。黒田氏は、その読み方を「なぬし」と明らかにした上で、郷村の小代官とは異なる存在と指摘した。そして、小代官が領主側に属して代官と同種の職務を担うのに対し、名主は村落内の有力百姓で、郷村の代表者、郷村経営の責任者であるという。[33] 一方、池上氏は、郷請との関連で名主の具体像を検討した。[34] まず、名主は北条氏が諸役銭の皆済を実現するために、各郷に設置したという。ただし、それは北条氏が創設したわけではなく、以前から名主は、年貢収納を中心とした領地支配のために、個々の領主（代官を含む）によって設置されていたとする。[35] 次に氏は、名主の役割を、郷中仕置に関わるものと見る。郷中仕置は、困窮者への米銭の貸付だけではなく、全耕地の作付、百姓の仕付け・召返し、開発など多岐にわたった。したがって、郷請を維持するために、北条氏をはじめとする領主は彼らを必要として、名主という役職につけたとされる。

以上の先行研究を踏まえ、名主と郷村の小代官との関係を検討したい。北条氏により初めて設置された役職であるか否かについては、名主と郷村の小代官との間に確かに大きな違いが見出せる。すなわち、名主は北条氏により初めて設置された役職ではなく、北条氏だけに掌握される役職でもない。それと対照的に、郷村の小代官は北条氏により設置され、北条氏だけに掌握される役職である。

しかし、それだけによって、両者がまったく異なる存在であるかというと、必ずしもそうではないと考える。北条氏当主が発給した郷村の小代官宛文書には、「百姓中」と一緒に記されるのが普通であるが、時々「田名小代官　名主」（相模国田名郷）とあるように、名主と一緒に記されているのも見られる。さらに、その場合に、北条氏がいい渡した任務を果たすことができないなら、「小代官・名主可ㇾ切ㇾ頸事」とあるように両者を同列に扱っているように見える。実際に、両者が果たす役割を比べてみれば、役割が多岐にわたる名主に対して、郷村の小代官は、その中の三種の役目に絞られている。したがって内実を見比べると、両方とも、北条氏が郷請をもとに展開する郷村支配政策の一環に位置づけられ、緊密に関連しているため、重なるものも多いといえよう。表6によると、郷村の小代官の初見は永禄四年であるが、その時期は、銭納制の問題で百姓らが抵抗したため、年貢と各役銭の収取に影響を与えた時期でもある。(36) 銭納制は後ほど現物納制に変わることで問題が収束したが、当時、北条氏にとって肝心な年貢と各役銭の徴収が、どれほど困難に満ちた問題であったかが読み取れるであろう。このような状況に直面して北条氏は、郷村支配を円滑に展開させるために、すでに存在していた名主に改めてその地位を認めて、郷中仕置を負担させた。その上で、北条氏にとってさらに郷村支配を支える「三本柱」ともいえる、年貢と各役銭の皆済、各公事・夫役の調達、軍事緊迫時の百姓戦闘員の徴発に絞って、郷村の小代官という役職を新たに設置したと考えられる。(37) したがって郷村の小代官は、名主の設置の延長線に位置づけることができよう。そのため郷村の小代官は、すでに存在していた名主の中から選ばれた可能性が高い。郷村の小代官宛の北条氏文書に時々名主と一緒に記されるのは、そのためと考えられる。

両者の関係を以上のように考えると、郷村の小代官に給分を与える史料が見当たらないことも解釈できるようになる。すなわち、名主は「名主免」という形で給分を支給されているため、名主から郷村の小代官が選任されるのであれば、その役割が名主に課されたものの一部であることから、さらに給分を支払う必要がなかったと解される。

以上のように、郷村の小代官は、在地の有力百姓、もともと名主を務めていた家柄である可能性が高いと結論づけたい。

おわりに

本章では、郷村の小代官に焦点をあて、その実像を明確にすることによって、北条氏の郷村支配政策の一端を検討した。具体的な論点は本論に記したので、ここでは省略する。最後に、郷村の小代官の設置という問題から、北条氏と村落との関係のあり方について、私見を述べたい。

郷村の小代官を通じて緊急の役賦課や百姓戦闘員の徴発を命じられる村にとって、負担が重くなったことは確かである。しかし、村にとってこの政策はデメリットばかりかといえば、そうでもない。上述したように、年貢と諸役銭の上納は百姓たちにとって生計に関わる重大事でありながら、徴収現場では、百姓と収納担当者との間に頻繁にトラブルが起きている。したがって、北条氏が計量の権利を村に賦与した上で、収納現場で奉行らによる非分が起きた場合に上訴する権利も与えたのは、村にとって大きなメリットではないだろうか。

無論、北条氏の最終目的は支配を円滑に進めることにあるため、計量の権利を村に与える一方、村の有力百姓を小代官に起用し、命令通りに年貢と諸役銭の上納などを行う責任を負わせている。

戦国期において、有力百姓は村における自分の利益を守るため、領主層と被官関係を結ぶ動きがよく見られるが、それは必ずしも、村落論が主張するように、村のためだけに行われる行動とはいえない。有力百姓による郷村の小代官の受け入れも、その背景から考えるべきである。すなわち、彼らがこの職務を果たすことによって、村における自分の地位と権益を北条氏から保障されることになるのは間違いないであろう。また、彼らは小代官を務めながら、一方で百姓として年貢と各役銭を納める義務もあるので、自分の責任で計量するのは、何よりありがたいことである。

しかし一方、郷村の小代官は百姓身分なので、頻繁に役賦課を命じられると、懈怠する行動に出るのも当然であろう。したがって、彼らをいかに管理するかは北条氏にとって重要な課題となるが、関連文書にしばしば現れる罪科の文言からもわかるように、北条氏は容赦なく罪科に処する措置を備えているのである。

このように、郷村の小代官の設置は、北条氏が在地状況の諸問題に直面し、それに対応した上で取った一つの政策と位置づけたい。北条氏は確かに郷村を単位に支配を行うが、その郷請の実態を究明することは重要な課題であり、(38)郷村の小代官についての検討は、その一つの試みである。

註

(1) 文書宛先の書式は、ほとんど「郷村名+小代官・百姓中」である。表6「北条領国における郷村の小代官関係文書一覧」を参照されたい。表6を作成する際に、黒田基樹氏が作成した「『小代官』所見文書目録」(「北条領国における『小代官』と『名主』」〈『戦国大名北条氏の領国支配』岩田書院、一九九五年、初出一九九三年〉)を参照した。ただし、黒田氏は後述する二類型の小代官を区別しないため、北条氏一族が発給した文書に見られた「小代官」も収録している。

(2) 前掲註(1)黒田論文において、郷村の小代官に関する先行研究のまとめがあるので、参照されたい。

(3) 移行期村落論については、池上裕子「中・近世移行期を考える」(『駒澤大学大学院史学論集』四二号、二〇一二年)の「はじめに」で詳しくまとめられているので、参照されたい。

(4) 黒田基樹「北条領国における郷村と小代官」(『中近世移行期の大名権力と村落』校倉書房、二〇〇三年、初出一九九六年)。

(5) 本書の第一部第一章。

(6) 西浦地域関連文書は、『沼津市史』史料編古代・中世の中世部分(以下、『沼』と略し、「中世」のうちの史料番号を示す)を参照するが、西浦地域以外の関連文書は、『戦国遺文後北条氏編』(杉山博・下山治久編、東京堂出版。以下、『戦』と略し、文書番号を付記する)を参照する。

(7) 『沼』三八一号、相磯文書。

(8)『沼』三八六号、相磯文書。

(9)黒田氏によると、御料所と給人領の別なく郷村の小代官が見られるが、支配領域単位で見れば、伊豆・相模（西・中・東・三浦各郡）・武蔵（久良岐郡・小机領・江戸地域・河越地域）の各領域に限定されていたという。前掲註(1)黒田論文一七〜二六頁。

(10)西浦地域においては、代官の手代としての小代官に、上記の「小屋」、「山田」のほか、伊東氏と山角氏の後任を務めた代官安藤良整にも、手代の「安藤代大久保」と「安藤豊前代渡辺」が存在する（『沼』六三一号・六四五号・七四九号）。したがって、代官の手代としての小代官は、明らかに郷村の小代官と異なる存在であると考えられる。

(11)『豆州内浦漁民史料』下巻、一七一五号。

(12)佐脇栄智「後北条領国の小代官」（『後北条氏と領国経営』吉川弘文館、一九九七年、初出一九九四年）、同「後北条氏の郷村支配とその役人」（同前、初出一九九六年）。前掲註(1)、註(4)黒田論文。

(13)『沼』補七八八号（菊池浩幸「『沼津市史　史料編』中世編　補遺（続）」『沼津市史研究』一四号、二〇〇五年）。

(14)史料三には「両代官」「両小代官」の文言がないので、代官が一人制であった（安藤良整）時期の史料である可能性がある。いずれにしても、郷村の小代官の給分とは考えられない。

(15)本書の第一部第一章にある表4を参照されたい。

(16)本書の第一部第一章にある表2と表3を参照されたい。

(17)前掲註(1)黒田論文一八〜二〇頁。

(18)「郷」は時々省略され、また、郷村名＋小代官・名主の場合もある。なお、名主との関係については後述する。

(19)表6によると、郷村名＋小代官・百姓中のほかに、郷村名＋小代官・名主・百姓中（表6—7）と、郷村名＋小代官・名主（中）（表6—14、15、18）と郷村名＋百姓中（表6—17、19）という書式も見られる。だが、書式が多少異なるとしても、内容はほとんど同じものである。たとえば、表6—17の寺尾百姓中に宛てた北条氏康朱印状写は、正木棟別銭の納法についての文言が表6—4の駒林郷小代官と百姓中に宛てたものと変わらない。また、「若致二難渋一ハ、則小代官・名主・百姓人々召連」とあるように、明らかに郷村の小代官宛のものと見てよい。書式の相違の理由は後述する。

(20)池上氏は「戦国期における農民闘争の展開—北条領国の場合—」（『戦国時代社会構造の研究』校倉書房、一九九九年、初出一九七七年。三四九頁）において、小代官は名主とともに、大名の諸役収取のために大名によって設けられたものであると鋭い指摘をしたが、論文の主旨はそこに置かれていないため、詳しい議論が展開されていない。

(21)『戦』一三三五号、萩野文書。

(22)『戦』一四三五号、萩野文書。

(23)黒田氏が作成した「『名主』所見文書目録」を参照されたい。前掲註(1)論文一三一～一四頁。

(24)『戦』三一四六号、塩野文書。

(25)この文書は、同じ文言で多くの郷村に出されているが、具体的な郷村名は表6—30～45を参照されたい。

(26)『戦』三五一七号、塩野文書。

(27)また、年未詳の八月八日に大井郷百姓中宛に桔梗根徴収を命令した北条宗哲朱印状（『戦』三五二八号、塩野文書）があるが、そこにも小代官が見えてこない。

(28)そのほかに、表6—14、15、18も同様である。また、17、19は、本文の中に「小代官・名主」という文言が見られる。

(29)第一部第一章では、武蔵国中野郷阿佐ヶ谷の土豪堀江氏の事例を取り上げて、彼が阿佐ヶ谷の小代官を務めていた可能性が高いと指摘した。詳しくは、前掲註(5)、および大石学「武州多東郡中野郷と小代官堀江家」（『多摩のあゆみ』四六号、一九八七年）を参照されたい。

(30)北条家印判状（『沼』五二七号、長浜大川文書）。

(31)『戦』一〇二六号、和田順三郎氏所蔵文書。

(32)西浦小代官藤守の件でも、西浦年貢徴収にあたるのは代官の手代としての小代官であり、彼は北条氏が定めた年貢徴収原則に違反したため、西浦百姓に訴えられた。興味深いのは、評定衆石巻康保が「西浦百姓大川兵庫助」に北条氏の判定を引き渡したが、大川氏は西浦地域における長浜村の小代官である可能性が高い。北条氏から見れば、郷村の小代官はあくまでも百姓と認識している。

(33)前掲註(1)黒田論文三一～四〇頁を参照されたい。

(34)前掲註(3)池上論文を参照されたい。

（35）池上氏によると、個々の領主によって給免田等の内容は多様なため、それが検地書出での名主免の現れ方に反映しているという。
（36）前掲註（20）池上論文を参照されたい。
（37）この三種類の役目は、郷村の小代官を設置する時期にいっせいに明確にされたのではなく、在地の状況に合わせて、明確になっていったと考える。
（38）池上氏は前掲註（3）論文と、「中近世移行期を考える―村落論を中心に―」（『日本中近世移行期論』校倉書房、二〇一二年、初出二〇〇九年）で、郷請の実態について詳しい議論を行っているので、参照されたい。

第三章　戦国大名北条氏の口野地域支配

――土豪層代官への視点――

はじめに

駿河国駿東郡口野地域には、戦国期に「口野五ケ村」と呼ばれる村落群が形成された。獅子浜・江浦・多比・田連・尾高の五か村から構成され、鷲頭山の西南麓に位置し、駿河湾東端の海岸線上に並んだ集落群の一つである。戦国期における口野五か村の領主の変遷を見ると、天文一九年（一五五〇）から永禄一二年（一五六九）までの葛山氏元の支配期[1]、元亀二年（一五七一）から天正九年（一五八一）までの北条氏光の支配期[2]が確認できる。葛山氏元と北条氏光の間の時期は、北条氏当主が発給する北条家印判状が残されていることから、北条氏の直轄領であった可能性が高い[3][4]。

葛山氏元と北条氏光は、獅子浜に在住したと見られる土豪の植松氏を被官化し[5]、口野五か村の代官に任命していた[6]。したがって、葛山氏元・北条氏光と口野五か村との関係を考察する上では、被官化した土豪層代官の植松氏が鍵となるといえる。

一九七〇年代後半に、永原慶二氏は、大名領国制の位置づけを解明する一環として、戦国大名の郷村支配を検討した。そこでは口野五か村と植松氏が中心的な事例として取り上げられ議論された。永原氏は、植松氏を村落共同体の

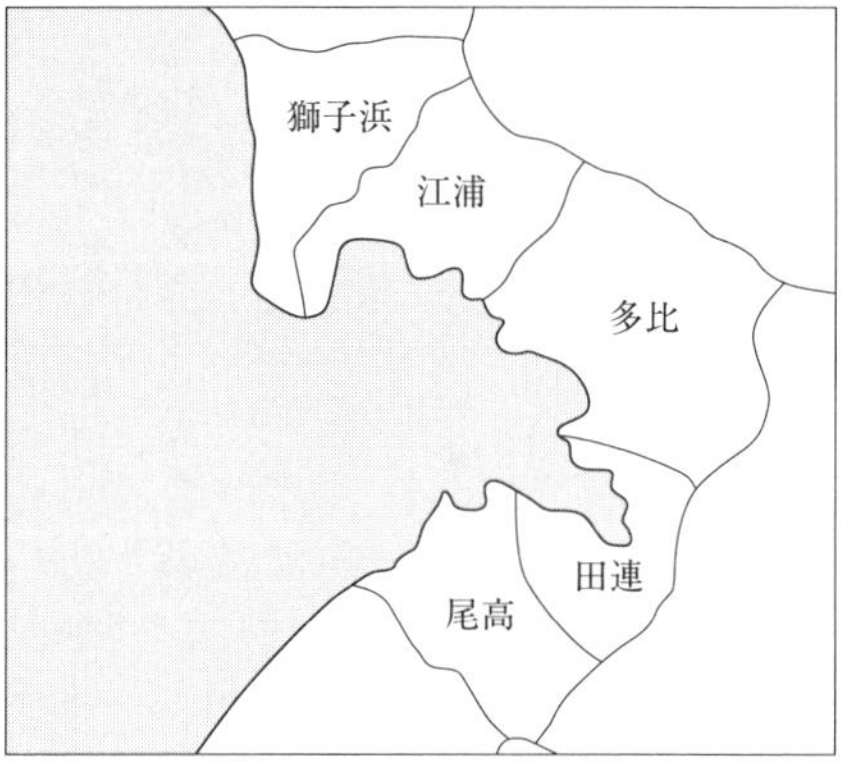

図2　口野地域地図（『沼津市史』通史編原始・古代・中世より転載）

諸機能・諸権利を掌握し支配する領主（「小領主」）ととらえ、葛山氏元と北条氏光はその村落共同体支配層としての立場を補強し、植松氏を媒介として支配を村落内部に浸透させたという。(7)

土豪植松氏を「小領主」と規定し、被官化を領主化ととらえる永原氏の視点は、一九六〇年代から始まった中間層をめぐる小領主論と地主論との論争の一環に位置づけられよう。すなわち、氏の所論は小領主論の立場から、大名権力の郷村支配の編成原理に重点を置いており、大名権力による在地支配の貫徹度を重視したものであった。しかし、そこには、土豪植松氏を領主支配の末端に位置づけることによって、在地秩序において中心的な存在である植松氏の中間層としての独自の位置づけが欠落するという一面がある。

一九八〇年代以降、領主制論が持つ「上からの視点」を反省する中で、村や民衆・百姓の視座に立つ、いわゆる移行期村落論が展開されるようになった。口野五か村についても、一九九〇年代に入ると、移行期村落論やそれに基づく「侍」身分論の視点からの議論が展開されている。上野尚美氏は口野五か村の在地秩序に注目し、そこには土豪植松氏を中心とした土豪層の連合による「在地秩序」が形成されており、葛山氏元や北条氏光はその在地秩序に介入できない、と在地秩序の自律性を主張する。(8)

一方、黒田基樹氏は北条氏光と口野五か村との関係を中心に検討したが、その結果上野氏と同じ見解を示している。氏は北条氏光が植松氏を口野五か村の代官に任命することについて、北条氏の所領支配は在地性が希薄であり、在地の土豪層に大きく依存していると評価している。[9] また、植松氏の葛山氏・北条氏への被官化については、永原氏が主張するような、領主化を意味するものではなく、村落再生産における土豪の役割という視点から考えるべきと主張した。すなわち、土豪の植松氏と橋本氏がそれぞれ葛山氏と北条氏に被官関係を結んだことは、[10] 領主層に対して多様なパイプを用意し、危機的状況に際していち早く頼りになる領主の保護を受け、口野五か村の平和を確保するためのものであると解釈する。[11]

このように、上野氏と黒田氏の研究は、七〇年代までの研究に欠けている在地秩序の解明だけではなく、中間層の位置づけについても新たな視点を示している。しかし、そこには問題が存在しないわけではない。

まず、上野氏が指摘した、口野五か村における植松氏を中心とした土豪層連合についてであるが、口野五か村の関連文書の大部分を占める「植松文書」を見ると、三一点のうち、植松氏の権益に関わるものが六点ほどある。そこには、植松氏と同村の他の土豪との権益をめぐる争いが見られる。福田英一氏が植松氏による漁獲物の収取を検討する中で、植松氏の権力への被官化の理由を同村の他の土豪との競合関係と密接に関わっていると指摘したように、[12] 口野五か村にはたして土豪層連合が存在していたかは疑問である。

次に、中間層の位置づけの問題であるが、黒田氏は中間層を村落構成員として位置づけ、彼らの被官化を領主化ととらえず、村落のために行われていたものと位置づける。これは「侍」身分論による中間層の村落一器官論に立つものと考えられる。すなわち、中間層の身分規定としての侍身分は村や地域社会の維持にのみ奉仕するものであり、上級権力との被官関係も村のために結ばれたとみる立場である。[13] しかし、すでに指摘されているように、この見方によれば、七〇年代まで重視された村落内の階層間の矛盾の問題が軽視され、村落像が一枚岩的に描かれる嫌いがある。[14] したがって、後に分析するが、植松氏と橋本氏の行動は必ずしも口野五か村の平和のために行われたわけではない。[15] したがって、移行期村落論からも中間層の独自の位置づけが見られず、自律的な村落像に埋没しているといわねばならない。

以上のように、先行研究により葛山氏元・北条氏光と口野五か村との関係は、領主権力による支配の貫徹か、あるいは村落の自律の貫徹として描かれているが、両者の関係像が必ずしも明らかにされているとはいえない。

前述したように、植松氏を口野五か村の代官に任命したことは、葛山氏元と北条氏光の支配の特徴であるため、植松氏が代官としていかに活動し、役割を果たしていたのかを検討しなければならない。この検討を通じて、土豪層代官の特質が明らかにされ、葛山氏と北条氏の口野五か村支配の特質も浮き彫りとなってくると考えられる(16)。

本章では、植松氏の被官化の意味を再検討した上で、植松氏の代官活動を分析することによって、葛山氏・北条氏と口野五か村との関係をとらえなおしてみたい(補註)。

一　口野五か村の在地秩序―植松氏の被官化の検討を通じて―

『沼津市史』通史編は、口野五か村の地理的状況、各村の様相、地域全体の土豪層について論じ、次のような点を指摘している。①戦国期の口野五か村は全体として、農業生産よりも漁業生産のほうが盛んであったこと、②各村の生業、特に農業と漁業の比重はそれぞれ多少違うこと、③江浦には大型舟が着岸できる湊があり、商業を主要な生業としていたこと、④漁業活動において獅子浜と他の四か村は区別されていたこと、などである(17)。

また、地域全体の土豪層については、植松氏のほかに、町田氏・橋本氏（「橋本文書」四点）・増田氏（「増田文書」一点）・久住氏（「久住文書」三点）などが戦国期の史料から確認できる。文書の数を比べると、三一点ほどある「植松文書」が他の文書群をはるかに超えている。

「はじめに」で触れたように、上野尚美氏は口野五か村において植松氏を中心とする土豪層の連合が存在したと指摘した。黒田基樹氏は土豪層連合という表現を使っていないが、植松氏と橋本氏の権力への被官化が口野五か村の平和のためだという指摘から、上野氏に近い考えを持っていると考えられる。筆者は二人の見解に疑問を感じており、植松氏の葛山氏元・北条氏光への被官化を中心に検討することを通じて、口野五か村の在地秩序の実態に迫りたいと思う。

1 葛山氏元・北条氏光への被官化

植松氏の被官化は天文一九年（一五五〇）の葛山氏元の支配期に遡る。天文一九年八月二〇日付の葛山氏元印判状によると、当時の植松氏当主藤太郎は葛山氏元の尾張出陣に参陣したため、葛山氏元から一〇貫文を宛行われた。これをきっかけに植松氏は葛山氏の給人になったと考えられる(18)。

永禄一二年（一五六九）以降、口野五か村は北条氏の支配下に入ったが、葛山氏から宛行われた植松氏の給分はどう変わったであろうか。まず、永禄一二年閏五月一四日に北条氏は植松右京亮に印判状を下し、給分五〇貫文のうち、二五貫文は段銭として下し、二五貫文は神山にある給田として安堵した(19)。「右員数葛山一札之任二筋目一遣レ之候」とあるように、これは葛山氏より安堵された員数がそのまま北条氏に認められたものと考えられる。そしてこの員数は北条氏光の支配期に入ってからもそのまま認められたことは、天正八年（一五八〇）一二月二一日付で植松佐渡守に宛てられた北条氏光印判状(20)からうかがえる。

このように、植松氏は葛山氏元支配期から北条氏光支配期にかけて、一貫して給分を安堵されていたことがわかる。ただし、注意すべきは安堵された給分の半分にあたる田地は口野五か村以外のところにあったことである。

一方、給分の安堵に対する反対給付として、植松氏は軍役を負担した。

【史料二】　北条氏光着到定書(21)

改定着倒（到）之事、

一四拾貫五百十文、此内 卌七貫文土狩にて出、三貫五百十文神山にて出、

此着到

一本　大小旗持、皮笠・具足

一本　指物持、同

一本　鑓、二間々中柄、同

一騎　馬上、甲大立物・面肪・手蓋・具足・馬鎧金

一人　歩者、皮笠・具足

以上五人

右、従来御調儀、如レ此可二走廻一候、為二軍法一間、就二無沙汰一者、可レ被レ召二放知行一者也、仍而如レ件、

（天正元年）酉　七月九日　（「桐圭」朱印）

植松右京亮殿

これは天正元年七月九日に北条氏光から植松右京亮に宛てられた着到定書であるが、給分五〇貫文のうち、軍役をかけられたのは四〇貫五一〇文であった。植松氏が負担すべき軍役は五人であり、それぞれの役割が詳しく記載され

ている。「就₂無沙汰₁者、可ᴸ被ᴸ召₂放知行₁者也」とあるように、賦課される軍役を務めることが、安堵された給分を知行する前提である。

2　植松氏の諸権益

前述したように、植松氏の被官化は葛山氏元の尾張出陣への参陣がきっかけであった。なぜ、植松氏は積極的に上級権力と被官関係を結ぼうとしていたのであろうか。ここでは被官化の意味を追究することが大事と考えられる。結論が先行するが、それは植松氏が口野五か村において持っていた諸権益と深く関わっているといえる。

そこで「植松文書」に残る植松氏の権益をめぐる文書六点ほどについて、葛山氏元支配期と北条氏光支配期に分けて検討したい(22)。注意したいのは、これらの文書が出された背景と、領主支配の変遷に伴って、それぞれの権益がどう変化したのかという二点である。

まず、葛山氏元支配期においては、植松氏の権益に関わる文書が二点残されている。

【史料二】　葛山氏元判物(23)

口野之内尾高村事

一山屋敷之事
一百姓并小脇者事
一納所之事
一網渡之事
一網舟之事

右、如二親之右京亮時一、多比村同前ニ可二相計一、并五ケ村棟別事、為二給恩之内一五貫文ニ相定之間、如二前々一可レ取レ之、町田郷左衛門ニハ、尾高増手作共拾貫文、多比村之増五貫、合拾五貫文出之也、此外者其方可レ被レ致二支配一、若此上令二違乱一者、彼増之儀召返、於二自余一郷左衛門ニハ可レ遣之条如レ件、

（朱割印—後印）

天文廿一壬子
四月廿七日　　氏元(葛山)（花押）

植松藤太郎殿

これは天文二一年四月二七日付で尾高と多比において、植松藤太郎と町田郷左衛門がそれぞれ持つべき権益について、葛山氏元が下した裁定である。傍線部によると、町田郷左衛門には尾高の増分・手作分合わせて一〇貫文と多比の増分五貫文が安堵されたが、「此以外者其方可レ被レ致二支配一」とあるように、それ以外の権益は植松藤太郎に支配させるという。その権益を具体的にいうと、尾高と多比における山屋敷・百姓・小脇者・納所・網渡・網舟の所務と、口野五か村の棟別銭のうちの五貫文の給恩であった。

「如二親之右京亮時一」や「如二前々一可レ取レ之」といった文言からうかがえるように、上記の植松氏の諸権益は、葛山氏に新たに安堵されたものではなく、以前から有していた権益といえる(24)。なぜ、この時期に葛山氏に諸権益の再確認を求めたのであろうか。それは傍線部にあるように、植松氏と町田氏との間に、尾高と多比をめぐる権益について争いが起きたため、上級権力による仲裁を通じて解決を図ったためである。

一見、植松氏に有利な裁断が下されたように見えるが、「若此上令二違乱一者、彼増之儀召返、於二自余一郷左衛門ニハ可レ遣」とあるように、植松氏が「違乱」を起こした場合は、認められた諸権益は町田氏に安堵されるという留保

を含んだものであった。

では「違乱」は具体的に何を指すのであろうか。文書の最初の五箇条に注目すると、これらはすべて植松氏が持つべき特権のように見えるが、「納所之事」は年貢上納を意味するので、ここの五箇条は植松氏の特権だけではなく、務めるべき職務、すなわち、代官としての職務も同時に定められていると考えてもよいであろう。したがって、「違乱」には、植松氏が代官としての役割を果たさないことが含まれていると考えられる。

二つ目の文書は、永禄六年七月二日に葛山氏元が植松右京亮に下した漁獲物収取権についての判物である。

【史料三】　葛山氏元判物(25)

(端裏書)
「五ケ村へ立物仕置之御朱印」

定条々

一江豚於レ立レ之者、不レ寄二大小一如二前々一三ケ一出置事

一諸色之立物之儀、是も同前爾三ケ一出置之間、如二前々一水之上にて可二請取一、但彼三ケ一之儀者、至二其時一上使之被官ニ為レ算可レ致二所務一事

一小代官もらいの事、両人是も如二前々一出置事

右条々、永無二相違一可レ致二所務一、縦雖レ有二横合之申様一、前々筋目を以判形を遣之上者、一切不レ可レ及二許容一、然上者上使次ニ百姓中厳加二下知一可レ致レ拵、其儀就二無沙汰一者、雖レ有二判形一不レ可二相立一者也、仍如レ件、

永禄六癸亥年

七月二日　　(葛山)氏元（花押）

植松右京亮殿

ここでは、植松右京亮が口野五か村において取れる「立物」＝漁獲物の分量、分量の量り方、そして植松氏の下にいる「小代官」の得分について、葛山氏元から詳しく規定されている。海豚をはじめとする諸漁獲物の取得量は三分の一であるが、受け取る際には、上使の被官にその分量を量らせることが条件である。

ここに現れる「上使」について福田英一氏は、葛山氏の被官として代官植松氏と百姓中との間で中立的な立場を保持したこと、植松氏及び小代官による漁獲物の収取を規定通りに実行し、それによって植松氏と百姓との水揚げの収取をめぐるトラブルを未然に防止する機能を果たしたこと、などを指摘している(26)。

筆者はその指摘にほぼ賛成するが、収取をめぐるトラブルを「未然に防止する」とした点に疑問を感じる。この文書が発給された背景には、永原氏と福田氏がともに指摘したように、植松氏が従来から保持している漁獲物の収取権に対する何らかの侵害があり、葛山氏に保証が求められたと考えられる。しかし、葛山氏はなぜ植松氏の諸漁獲物の取得分を従来通りに保証した上で、その分量を上使の被官に量らせる処置を取ったのであろうか。筆者は、植松氏の取得分について訴訟等の問題が生じたことによる葛山氏の対応と考える。訴えの主体は文書の記載に現れないが、百姓たちの可能性が推測される。

このように、葛山氏は植松氏の要求に応じているように見えるが、その一方で、「然上者上使次ニ百姓中厳加二下知一可レ致レ拵、其儀就二無沙汰一者、雖レ有二判形一不レ可二相立一者也」とあるように、植松氏が上使とともに年貢・公事銭の上納を怠らないよう百姓中に下知を加え、代官としての役割を果たすことを課しているのである。

では、北条氏光支配期に入ってから、葛山氏に認められた諸権益に変化が起きたであろうか。北条氏光が発給した印判状を中心に検討したい。

【史料四】　北条氏光支配期北条氏光印判状(27)

五ケ村以二当年貢之内一五貫文被レ下レ之候、進退相続彼郷ニ有レ之、如二前々一百姓共仕付、立物精ニ入可二走廻一必
由（油）断有間敷候、走廻立物精ニ入御所務於レ有レ之者、弥可レ有二褒美一者也、仍如レ件、

（元亀三年）申　十二月十二日（「桐圭」朱印）　菊地　奉レ之

植松右京亮殿

これは元亀三年（一五七二）一二月一二日に、北条氏光が五か村の年貢のうち五貫文を植松右京亮に安堵したものである。その目的は、植松右京亮に百姓とともに北条氏光への「立物」の上納に尽力させることにあった。ここから、安堵された五貫文は植松氏の代官としての給分と考えられる。史料二の棟別銭五貫文の「給恩」を合わせて考えると、それも植松氏の代官としての給分と考えてよいであろう。すると、北条氏光期に入ってから、代官給の額がそのまま継承されたことがわかる。

また、天正三年三月二日の北条氏光印判状に「為二代官給一五貫文、五ケ村津方之内を以」とあるように、明白に「代官給」の文言が現れるが、この五貫文は、「津方」すなわち漁獲物の年貢から出されることがわかる。(28)

次に、北条氏光支配期における植松氏の漁獲物取得権についてであるが、前記の史料三の文言に「如二前々一三ケ一出置」とあるように、葛山氏元支配期において、植松氏が得られる漁獲物の量が定められている。ただし、海豚以外の具体的な内容は明らかではない。一方、北条氏光のもとでは、その収取権の内容が示されるようになった。

【史料五】　北条氏光印判状(29)

於二五ケ村一鰯もらい之儀、如二前々一可レ致レ之候、向後横合申者有レ之間敷候、為レ其御印判を被レ下者也、仍如レ件、

（天正元年）
癸酉
二月朔日（「桐圭」朱印）　　　　　二宮織部丞奉

植松右京亮殿

これは天正元年二月一日に植松右京亮に下された北条氏光の印判状であるが、植松氏の五か村における「鰯もらい」の権利が以前のように安堵されたことが記載されている。

また、三年後の天正四年四月一〇日付で、獅子浜における五か所の「鰯庭」の所務も、以前のように植松右京亮に安堵するという北条氏光印判状も残されている。(30)「鰯庭」は鰯の漁場であるため、前述した「鰯もらい」と密接に関わる権利と想定できる。さらに、その一年後の天正五年に、次のように「鰯もらい」の権利が再び認められた。

【史料六】　北条氏光印判状(31)

一七百節之鰹、近年為レ不レ遂二披露一取来間、可二召放一雖二覚悟候一、自二前々一取来者之事ニ候間、改而被レ下レ之候、
　如二古来一定可レ取レ之事

一四板弐艘之役、可レ為レ如二先印判一之事

一棟別五間役同断

一獅子浜ゆわしもらい之儀は、如二自余之村之一可レ取レ之、百姓於レ無二納得一ハ努々不レ可レ取レ之事

一其方居屋敷可レ為レ如二近年一之事

一多比之村塩役、無二非分一百姓渡次第、如二古来之一可レ取事

以上

右、定置所おろかニ致二覚悟一、非分之沙汰於レ致レ之ハ、聞出、可レ処二重科一者也、仍如レ件、

（天正五年）
丁丑
八月廿三日　（「桐圭」朱印）　　菊地
　　　　　　　　　　　　　　　真田奉

植松佐渡守殿

これは天正五年八月二三日付の北条氏光印判状であるが、この時の植松氏当主は佐渡守に変わったことが宛先から読み取れる。注目すべきは、この文書には漁獲物だけではなく、他の諸権益についても詳しく記録されている点である。

まず、「鰯もらい」に関連する四箇条目に注目したい。獅子浜村の「ゆわしもらい」が他の四か村と同様に承認されたことがわかる。これは史料五の、天正元年に認められた「鰯もらい」と同じ権利だと考えられるが、この年に至って再び氏光に安堵された背景には、天正元年と同じように横合いが起きたことが想定される。ただし、ここでは氏光は天正元年のようにその権利を保障する行為を取っただけではなく、「百姓於二無納得一ハ努々不レ可レ取之事」とあるように、その取得権に獅子浜の百姓に同意を得ることが条件とされるようになった。

鰯のほかに、一箇条目の「七百節の鰹」も漁獲物収取権の一つである。「如二古来一定可レ取レ之」という記載から、この取得権も葛山氏元時期から認められた権益の一種、すなわち史料三の「諸色立物之儀」の一種と考えられる。しかし、見逃してはならないのは鰹の取得権も条件づけられたことである。鰹の取得権は近年植松氏から氏光に報告せずに取っていたため、氏光に没収されるところだったが、前から所持していた権利であるため、没収せず改めて認められた。しかし、今後は氏光に披露してから取ることが義務づけられるようになった。

このように、天正五年に至って、植松氏が有する漁獲物収取権において見られる大きな変化は、北条氏光による制約―取る前に氏光に報告することや、百姓の同意を得る必要があることなど―を受けるようになったことである。漁獲物収取権のほかに、多比における塩を「如二古来之一」取ることを保障されたが、ここにも条件が設けられ、植松氏が非分を行わない限り、多比の百姓から受け取れるという。

前述したように、葛山氏は上使の被官に収取量を量らせる措置を取ったが、植松氏の漁獲物収取権を基本的に保証していた。しかし、北条氏光支配期に至ると、氏光は百姓からの同意や、非分を行わないことを前提条件とした上で、それを保証した。史料六の最後に「非分之沙汰於レ致レ之ハ、聞出、可レ処二重科一者也」とあるように、植松氏が非分を起こした場合は、処罰すると警告している。その背景には、植松氏が持つ漁獲物などの収取権に対する百姓中からの反発が強まっていた可能性が考えられる。

なお、史料六の二箇条目の「四板」船二艘役銭の免除や、三箇条目「棟別五間」の役銭免除[32]も植松氏の権益として北条氏光から保障された。特に、舟役の免除については、氏光のもとでの新船造営と関わる重要な問題であるので、後述したい。

以上のように、北条氏光の支配期においても、植松氏は葛山氏元支配期に認められた権益を基本的に承認されている。氏光に安堵を求めた背景にも、葛山氏の時期と同じく、諸権益に対する横合い行為があったことに加えて、氏光期には百姓からの反発が目立つようになったことがあったといえよう。

3　植松氏の被官化の意味

植松氏の諸権益を検討すると、諸権益をめぐる土豪層同士の争いや、百姓からの反発が浮き彫りとなってくる。したがって、口野五か村の「在地秩序」には必ずしも上野氏が主張するような、土豪植松氏を中心とした土豪層連合が存在していたわけではない。植松氏は上記の争いや反発から自分の権益を守るために、葛山氏元と北条氏光と被官関係を結んだのであり、黒田氏が主張したように、領主権力間の戦争に対し、村の平和を維持するために被官化した様子は見られない(33)。

また、1での分析を通じて、植松氏は給分を安堵され、軍役を負担する給人であることがわかる。すなわち、植松氏の被官化は領主化を意味するといえる。一方、口野五か村に近い西浦地域(西浦七か村)の状況を見ると、西浦地域の土豪大川氏・土屋氏・相磯氏などは北条氏に「西浦在郷之御被官衆」として編成されており(34)、北条氏から諸役免除などの特権を与えられていたが、百姓の身分のままであった(35)。以上の相違から、被官化の形態には多様性があることを見逃してはならない。

ところで、葛山氏元と北条氏光は植松氏を給人化し、軍役を賦課したが、口野五か村の支配は、在地性が強い土豪層の植松氏を代官に任命することを通じて行われた。したがって、葛山氏と北条氏の口野五か村支配を検討する際には、植松氏の代官としての活動と役割を具体的に分析する必要がある。葛山氏と北条氏は、権益を保障するかわりに、代官としての役割を果たすよう命じており、植松氏の代官としての役割を重視している。次に、植松氏の代官活動の分析に移りたい。

二　植松氏の代官としての活動・役割

1　葛山氏元支配期

本節では、植松氏の代官としての活動と役割を具体的に検討していきたい。

まず、葛山氏元支配期であるが、史料二で「納所之事」とあるように、年貢・公事銭の上納を務めるのが代官のもっとも基本的な責務と考えられる。口野五か村は農業より漁業の比重が大きいため、年貢・公事銭には漁獲物が大きな比重を占める。

【史料七】　葛山氏元印判状(36)

其浦へいるか見え来にをいてハ、すなはち出合かりこむへし、疎略いたすにより、内浦へかりこまさるよし有二其聞一条、甚以曲事也、向後ハ北・南の百姓いつれも出合、あひかせきかりこむへし、其うへかせきの分としてハ、をの〱中へあミ走（壱カ）てうのふんわけとるへし、此上代官・上使・百姓等下知をそむき、如在いたすにをいてハ、過怠を可二申付一之状如レ件、

（永禄六年）井（亥）　四月三日　（葛山氏元）「万歳」朱印

師子（ママ）浜北・南
百姓中

これは永禄六年（一五六三）四月三日に獅子浜南北の百姓中に宛てられた葛山氏元印判状である。海豚漁について、獅子浜南北の百姓中が内浦へかりこむこと（追込漁）を怠ったことが葛山氏元に知られた。そこで、葛山氏は追込漁を行うよう命じる印判状を下し、百姓の稼ぎ分はその中の網一帖とした。葛山氏の下知に背いた場合、代官・上使・百姓を処罰すると警告している。海豚漁を怠ったのは獅子浜南北の百姓中であったが、処罰の警告は百姓中だけではなく、代官植松氏と上使にまで及んだことは、現場の漁撈活動を監視し、指導する責務が代官と上使に課せられていたことを示す。

なお、上使の被官が植松氏の漁獲物収取量を監視する役割を果たしたことは前述した通りだが、上使は代官の下にいながら、代官に協力して五か村の漁撈活動を指導する役割もあったことがわかる。葛山氏による口野五か村の支配体制は、代官植松氏を筆頭とする代官―上使―百姓、というものといえる。

2　北条氏光支配期

葛山氏元支配期と比べ、北条氏光支配期には関連史料が豊富であり、植松氏の代官としての活動をより具体的に知ることができる。

まず、植松氏による在地の漁業活動の指導の役割は、引き続き重視されている。

【史料八】　北条氏光印判状(37)

口野五ケ村立物之掟

一しひ海鹿其外之立物、就㆓見来㆒者、五里十里成共、舟共乗出可㆓狩入㆒事

一網船朝者六ツを傍爾、晩者日之入を切而、船共乗組、無㆓油断㆒立物可㆑守事

一此度改而立物為二奉行与一菊地被レ遣之間、彼者申様ニ万端可二走廻一、奉行人之背二下知一、不レ出二舟を一、或乗組致二油断一之旨、奉行人於二申上一者、可レ為二曲事一

右、背二三ケ条一付而者、代官・百姓可レ遂二成敗一之間、能々守二書付一、奉行人之請二指引一、可二走廻一者也、仍如レ件、

（元亀三年）
申
七月廿三日（「桐圭」朱印）

植松右京亮殿

五ケ村百姓・舟方中

これは元亀三年（一五七二）七月二三日に植松右京亮と五か村の百姓中に宛てられた北条氏光印判状で、「口野五ケ村立物之掟」とあるように、氏光が五か村における漁業活動について具体的な指示を下したものである。一条目はしび・海豚をはじめとする諸漁獲物についての追込漁の指示で、二条目は漁獲の具体的な時間を指示する。この二箇条を踏まえて、三条目では、立物奉行菊地氏を現地に派遣し、奉行の命令に従うよう命じる。最後に、代官と百姓が以上の三箇条に背いた場合は処罰するので、奉行人の指導に従うよう強調している。

北条氏光が漁業活動について詳しい指示を出し、立物奉行を派遣した背景には、五か村の百姓中による漁獲物の上納怠慢・抵抗運動があったのと同時に、その状況に対して、代官植松氏は積極的な行動を取らず、むしろ百姓中と行動を同じくしたことが想定される。そこで、氏光は改めて漁獲活動についての指示を出すだけではなく、立物奉行の派遣によって、代官植松氏と百姓中を監視させる対策を取ったのである。

植松氏や百姓中による漁獲物の上納怠慢の背景には、五か村の退転があり、彼らからの詫言が頻繁に行われていた

ことが史料からうかがえる。

【史料九】 北条氏光印判状(38)

五ケ村百姓侘言依二申上一御赦之条々、

一卅貫文之地方之高辻、拾五貫文ニ定納被二仰付一候、此上日損・水損有レ之共、其沙汰有間敷事

一懸鯛半分御赦免、残而半分之辻七十枚、毎月無二未進一納可レ申候、若未進有レ之ハ、壱枚之未進三枚宛を以可二
召上一候、然ニ彼懸鯛故、自然船退転など、重而申上候者、右之地方之御免可レ被レ破事

一従二那賀之郷一小田原へ之りうし御赦免候、自然被二仰付一候者、公物可レ被レ下間、可二走廻一事

一亥年（天正三年）土狩御蔵米御借用申、利足之儀者、船津手代ニ御糺明之上可レ被二仰付一事、

以上

右、如レ此御赦免之上、於二自今以後一無二無沙汰一可二走廻一候、若就二無沙汰一者、此度御赦免之条々可レ被二召上一者
也、仍如レ件、

（天正四年）丙子 十二月廿九日 （「桐圭」朱印）

植松佐渡守殿
五ケ村 百姓中

これは天正四年（一五七六）一二月二九日に北条氏光が口野五か村からの詫言に対し下した裁断である。ここで免除されたのは、三〇貫文の地方年貢のうちの半分と一四〇枚の懸鯛のうちの半分、そして「りうし」役である。地方

年貢は前述したように、田畠屋敷を対象とする年貢で、懸鯛は「地方年貢」のほかに五か村が負担する「津方年貢」の一部と考えられる。「りうし」は『沼津市史』通史編によると、舟を用いた運送役だという。(39)

ここで注目したいのは、印判状が代官植松佐渡守と五か村の百姓中に宛てられたことである。天正四年のほかにも、元亀三年一二月一二日に獅子浜の「立物」上納分の減額や、(40)天正八年二月二五日に獅子浜を除く四か村の「津方年貢」三分の一の今後三年間の免除(41)も北条氏光に認められたが、それらの宛先には、植松氏と百姓中が併記されている。ここから、植松氏が退転に際して百姓を代表し、領主に年貢などの減免を求めたことがうかがえる。(42)これは植松氏が口野五か村在地の一員として、百姓との利益が一致しているため、百姓を代表し詫言を行ったと考えられる。

ところで、漁撈活動の指導のほかに、北条氏光のもとで重視された植松氏の役割として、新船の造営と領国防衛もあげられる。まず、新船造営の実態を見てみよう。

【史料六】に「一四板弐艘之役、可レ為レ如二先印判一之事」とあるように、「四板」船（与板船か）二艘にかける役銭が免除されている。口野五か村は保有する船について役を課されたが、(43)ここで植松氏の舟役を免除されたのは特別の理由があった。

【史料一〇】　北条氏光印判状(44)

郷中ありき船として、かつこ壱艘新儀ニ仕立由候間、役令二赦免一候、但四板、はうちやう成共、於二新船一者諸役令二赦免一者也、仍如レ件、

（天正三年）亥　（「桐圭」朱印）

三月二日　珍阿ミ　奉

植松右京亮殿

（奥書）「ありき舟としてかつこ一そう□□□御印判」

これは史料六より二年前の天正三年三月二日に植松右京亮に宛てられた印判状であるが、植松氏により「ありき船」（郷村における連絡役を果たす船か）としての「かつこ」の新船一艘を造り上げたことに対し、北条氏は報酬として役銭を免除している。今後、「四板」と「ほうちょう《（舫艇）》」（運搬用の小型船）の新船についても同様に役銭を赦免するという。したがって、史料六に見られる「四板」二艘の役免除は、それらが植松氏により新たに造られたため、「先印判」（史料一〇）に基づきなされた処置なのである。(45)

このように、北条氏光支配期において船の需要が大きくなり、口野五か村に新船造営が課されるようになった。その際に、新船造営の責任を負ったのは植松氏であったが、植松氏はその責務を務めた時に、史料六・史料一〇のように氏光に舟役銭を免除され、造営を怠った際には、氏光に「精ニ入船数可㆓仕立㆒者也」と催促されていた。(46)

次に、領国防衛という新たな役割に注目したい。元亀二年の甲相同盟の成立とともに領土の境界を確定する「国分」が行われたが、口野五か村を含め狩野川左岸に位置する郷村は、北条領として引き継がれることになった。国分は行われたものの、武田氏との領国の境界に位置する口野五か村の管理は、北条氏にとって依然として極めて重要であった。元亀二年四月晦日付で、北条氏光の口野五か村支配の初見文書として氏光により植松右京助に宛てられた印判状には、「五ケ村へ出入之舟きふく改、ゑんせう《（煙硝）》・なまり《（鉛）》・鐵《（鉄）》砲至㆑于㆑有㆑之者、可㆓申上㆒事」とあるように、植松氏に対し、五か村への出入りの船を厳しく調査し、煙硝・鉛・鉄砲などを発見次第報告するよう命じている。(47) ここから代官としての植松氏が、境目にあった口野五か村の監視の役割を担っていたことがうかがえる。

さらに、天正元年七月一六日に口野五か村を含め、武田領国との境界にあった海辺の郷村にいっせいに出された北

条家の法度が残されている。(48)

【史料一二】　北条家印判状(49)

法度　　口野五ケ村

一当浦出船之時、便船之人堅令二停止一候、無二相違一者ハ、以二虎印判一可レ被二仰出一間、能々相改可レ乗レ之事

一他国船於二着岸一者、不レ撰二大小一、何船成共、人数・荷物等相改押置、即刻可レ及二注進一、無二其儀一従レ脇至レ于二聞届一者、代官・名主可レ処二罪科一事

一万乙号二商売一、敵地へ罷越者有レ之者、則可レ有二披露一、兼而可レ被レ制事

以上

右条々、厳密ニ可レ被二申付一、若妄被二申付一候者、領主之可レ処二越度一、仍後日状如レ件、

(天正元年)癸酉　七月十六日　(「虎」朱印)　幸田大蔵丞(定治)奉レ之

四郎殿

①当浦を出る人の監視・調査、②当浦に着岸する他国船の人数と荷物を押さえ、北条氏に報告すること、③商売の名義で敵地に行く人の報告・拘束、が命じられる。宛先の「四郎」は北条氏光だが、二条目に「代官・名主可レ処二罪科一事」とあるように、以上の諸事務は在地の代官や名主に委ねられている。この文書が「植松文書」に残るのも、口野五か村において、代官植松氏が上記の役割を果たしていたことと関係する。

実際に、法度の翌年の天正二年六月二三日に、植松右京亮は、北条氏の印判状なしで他国へ運送されようとした兵

糧一〇四俵を押さえて北条氏に報告したところ、北条氏から報酬として押収した兵糧をそのまま安堵された事例も見られる(50)。

以上のように、北条氏光のもとで、代官植松氏は年貢・公事銭の上納や漁撈生産だけではなく、船の造営や領国防衛の役割も任されていたことがわかる。

しかし、植松氏には、郷村が退転した際に、村を代表して年貢・公事銭の免除などを訴える行動も見られた。北条氏光はこれに対して、年貢・公事銭などの減免政策を取る一方、上納を確保するために、家臣を立物奉行として派遣し、植松氏と百姓を立物奉行の統率下に置く支配体制を整えていた。

葛山氏元支配期の代官—上使—百姓という支配体制と比べると、葛山氏の上使は代官の下にいる存在であったため、代官が不正を起こした際に代官を処罰する権限を有さないと考えられるが、立物奉行を筆頭とする北条氏光支配期の支配体制は、代官支配に対する牽制が強いといえよう。

おわりに

本章では、葛山氏元支配期と北条氏光支配期における土豪植松氏に焦点をあて、植松氏の被官化の意味、そして代官としての活動を検討した上で、領主権力と五か村との関係をとらえなおしてみた。

植松氏の被官化の検討を通じて、明らかとなったのは口野五か村において、植松氏を中心とする土豪層連合が存在しなかったことである。むしろ植松氏の保有する権益をめぐる他の土豪との利害の競合や、百姓からの反発が生じるといった、複雑な在地状況があった。

このような状況に置かれた植松氏は、自己の権益や存在基盤を守るために、上級権力による保障を求め、葛山氏元、次いで北条氏光と被官関係を結ぶ道を選んだ。

一方、葛山氏元と北条氏光にとって、郷村支配を行う上で植松氏のような存在を引き入れる必要があった。そこで、葛山氏と北条氏は植松氏を被官化し、さらに五か村の代官に任命した。植松氏の諸権益を基本的に保証する代わりに、植松氏に代官としての役割を強く求めていく。植松氏の代官としての活動を見れば、年貢・公事銭の上納だけではなく、北条氏光期に需要が大きくなった新船造営や領国防衛においても、植松氏は力を発揮していたといえる。

しかし、葛山氏と北条氏の五か村支配において土豪層代官植松氏が重要な役割を果たしていたとはいえ、植松氏の別の一面を見逃してはならない。それは、植松氏があくまでも在地に基盤を持つ存在であるという点である。それゆえに、五か村が退転した際は、植松氏自身の利益にも関わるため、百姓を代表して、年貢・公事銭の減免を葛山氏・北条氏と交渉したり、漁撈生産指導の役割や、年貢・公事銭の上納などを怠慢したりする行為が見られる。このような土豪層代官の統制のため、葛山氏は上使による監視体制を築く。一方、北条氏は家臣を立物奉行として派遣し、植松氏と百姓を立物奉行の統制下に置き、立物奉行を筆頭とする支配体制を整えたのである。

北条領国においては、土豪層が現地あるいは隣接する郷村の代官に任命される、いわゆる土豪層代官が多く見られる。たとえば、武蔵国八林郷に本拠地を持つ道祖土氏が永禄一〇年（一五六七）九月晦日に北条氏政によって、隣接する三尾谷（三保谷）・戸森両郷の代官に任命されたのもその一例である(51)。この現象からただちに移行期村落論が主張するように、北条氏の所領支配は在地性が希薄で、在地の土豪層に大きく依存していると結論づけてよいであろうか。筆者は植松氏の事例の検討を通じて、それは成り立たないと考える。在地の状況を踏まえた上で、領主権力と土豪層のそれぞれの対応を検討することが重要なのである。

註

（1）葛山氏元は、駿東郡葛山（現在の裾野市）を本拠とし、当時は駿河の戦国大名今川氏に従属する国衆であった。葛山氏元の河東支配の実態については、『沼津市史』通史編　原始・古代・中世（沼津市史編纂委員会・沼津市教育委員会、二〇〇五年）の第三編第三章第二節「河東一乱」四五六〜四六一頁を参照されたい。

（2）永禄一一年一二月一四日付で北条氏が口野五か村に宛てた北条家禁制（『沼津市史』史料編古代・中世三八九号、以下、『沼津市史』史料編古代・中世を『沼』と略し、「中世」のうちの史料番号を示す）によれば、この時期には口野五か村が北条氏の支配下に入ったと見られる。しかし、その翌年の二月一四日に、葛山氏元が口野五か村の土豪橋本源左衛門尉に対し、「内浦」（口野五か村）代官職を除く「植松右京亮跡職」を与える判物を発給した（『沼』四〇二号、橋本文書）ことと、禁制の後、北条氏により発給された文書には、永禄一二年閏五月一四日に口野地域の土豪植松右京亮に宛てた印判状（『沼』四一七号、植松文書）が確認できるため、北条氏が口野地域を完全に制覇したのは永禄一二年のことだと考えられる。

（3）北条氏光は、戦国大名北条氏康の七男で、武蔵国小机城主であるとともに、駿河国戸倉城、後には足柄城の城将を務めた。前掲註（1）『沼津市史』通史編の第三編第三章第三節「『駿州錯乱』から甲相同盟の成立」四八九〜四九〇頁を参照されたい。

（4）永禄一二年九月一六日付の口野五か村に宛てた北条家印判状（『沼』四二七号、植松文書）によると、「五ケ村年貢之事、間宮御扶持ニ被レ下候」とあるように、口野五か村の年貢徴収権が一時的に北条氏家臣である間宮某に宛行われていたと考えられる。

（5）「植松文書」によると、戦国期には、植松藤太郎→植松右京亮（右京助）→植松佐渡守が植松氏当主として活動していたことがうかがえる。

（6）北条氏が口野地域に進出した際に発給した、永禄一一年一二月一四日付の北条家禁制（『沼』三八九号）の宛先に「両代官」とあるが、この文書は「増田文書」に伝来している。そして、その翌年の九月一六日付の北条家印判状の宛先（『沼』四二七号、植松文書）も「両代官　百姓中」とある。したがって、北条氏がこの地域に進出する前の葛山氏元支配期において、両代官制の時期があった可能性は否定できない。

（7）永原慶二「大名領国制下の農民支配原則」（『戦国期の政治経済構造』岩波書店、一九九七年、初出一九七六年）八七〜九六頁。

（8）上野尚美「戦国期伊豆における土豪層と後北条氏」（『沼津市史研究』六号、一九九六年）五〇〜五六頁。

（9）黒田基樹「北条領国における郷村と小代官」（『中近世移行期の大名権力と村落』校倉書房、二〇〇三年、初出一九九六年）。

（10）戦国期の橋本氏は獅子浜に在住する有力の土豪の一人であり、葛山氏元と北条氏光の給人にもなっていた。「橋本文書」は四点ほど残されている。

（11）黒田基樹「大名被官土豪層の歴史的性格」（前掲註（9）著書、初出二〇〇一年）。

（12）福田英一「戦国期駿河湾における漁業生産と漁業物の上納―駿河国駿東郡口野五カ村を中心として―」（『中央史学』一八号、一九九五年）四二頁。

（13）「侍」身分論の代表的な見解として、稲葉継陽「村の侍身分と兵農分離」（『戦国時代の荘園制と村落』校倉書房、一九九八年、初出一九九三年）を参照されたい。

（14）代表的な見解として、池享「中近世移行期における地域社会と中間層」（『戦国期の地域社会と権力』吉川弘文館、二〇一〇年、初出一九九九年）を参照されたい。

（15）植松右京亮の跡職三〇貫文をめぐる橋本氏と葛山氏・北条氏とのやり取りが『沼』四〇二号・四四六号、四四七号からうかがえる。

（16）佐脇栄智氏は土豪層代官を「小代官」と同一視している。氏が事例として取り上げた道祖土氏らは史料上確かに「代官給」が給与される「代官」であったが、氏はそれらの代官給の郷村の貫高に対する割合が「小代官給」のそれと見られることから、道祖土氏らを「小代官」と見てよいと結論した（「後北条氏の郷村支配とその役人」〈『後北条氏と領国経営』吉川弘文館、一九九七年、初出一九九六年〉）。黒田基樹氏は口野地域の植松氏の事例をあげて佐脇氏の見解に賛成する（前掲註（9）黒田論文）。筆者は植松氏や道祖土氏などは伊豆国西浦地域における武将級代官山角氏・伊東氏などと比べれば、階層的には確かにレベルが異なると思うが、彼ら土豪層代官を「小代官」と同一レベルの存在と考える佐脇氏と黒田氏の見解には賛成できない。詳しい検討は本書の第一部第四章を参照されたい。なお、小代官については第一部第一章、第二章を参照されたい。

（17）前掲註（1）『沼津市史』通史編の第三編第四章第四節「沼津の海村と領主・土豪」五八八～六一一頁を参照されたい。

（18）『沼』三〇四号、植松文書。

（19）北条家印判状（『沼』四一七号、植松文書）。なお、「神山」は現在の御殿場市神山にある。

(20) 『沼』五七七号、植松文書。
(21) 『沼』四九四号、植松文書。
(22) 植松氏の漁業物収取権については、前掲註(12)福田論文を参照した。見解の異なる点は別途説明を加えたい。
(23) 『沼』三一二号、植松文書。
(24) なお、福田氏は尾高における諸権益について、親の植松右京亮が多比村で獲得していた諸権限を尾高村まで拡大する形で新たに保証されたものだと理解している。前掲註(12)福田論文四二頁。
(25) 『沼』三六七号、植松文書。
(26) 前掲註(12)福田論文四一〜四五頁。
(27) 『沼』四九二号、植松文書。
(28) 『沼』五一三号、植松文書。
(29) 『沼』四九三号、植松文書。
(30) 『沼』五二〇号、植松文書。
(31) 『沼』五二九号、植松文書。
(32) 「同断」という文言は天正四年七月四日付の北条氏光印判状(『沼』五二三号、植松文書)のことを指す。そこには「此度五ケ村国棟別被レ為レ取レ之、其方屋敷・同被官屋敷共ニ五間御赦免候者也」と書かれている。
(33) 橋本氏が葛山氏から植松氏の跡職三〇貫文を与えられた永禄一二年は、葛山氏と北条氏の勢力が交替する時期なので、植松氏が北条氏に従ったため、葛山氏がその三〇貫文を橋本氏に宛行ったと考えられる。これは、政治状況が錯綜している中、土豪層が自分の決断でそれぞれの勢力と結んだのであり、黒田氏が主張したような、村落のために行われた行為ではないといえよう。
(34) 『沼』三一九号、長浜大川文書。これは天文二三年七月一六日付で、北条氏康の娘と今川氏真の婚姻に際して、北条氏がその費用などの運送を「西浦在郷之御被官衆」に命じた文書である。
(35) 西浦地域のことについては、本書の第一部第一章を参照されたい。
(36) 『沼』三六五号、植松文書。

(37)　『沼』四八六号、植松文書。
(38)　『沼』五二五号、植松文書。
(39)　「りうし」は他の史料で「立使」・「立司」と表記されるが、船方に賦課された平時の夫役（運送役）であったが、負担した場合には大名・領主から「公物」（賃金）が支給されたことが史料九からうかがえる。前掲註(1)『沼津市史』通史編の第三編第四章第四節「沼津の海村と領主・土豪」五八六頁および六二四頁を参照されたい。
(40)　北条氏光印判状（『沼』四九一号、植松文書）。
(41)　北条氏光印判状（『沼』五六二号、植松文書）。
(42)　永原氏は前掲註(7)論文でこれらの年貢・公事減免要求が植松氏の主導によって行われた可能性が高いと指摘した。福田氏も同様の意見を持っている。
(43)　北条氏光が口野五か村に舟役をかけたことは、元亀二年四月晦日付の北条氏光印判状（『沼』四六二号、植松文書）に一箇条目の「師（獅）子浜百姓退転候之間、前々役不レ致レ之、舟共改役等可レ申二付之一事」との記述からうかがえる。
(44)　『沼』五一四号、植松文書。
(45)　ほかにも、天正六年一一月二三日に獅子浜において新規の舫艇船が二艘造営されたことに対し、北条氏光はその役銭を免除した（北条氏光印判状〈『沼』五三八号、植松文書〉）。さらに、天正九年六月三日に、氏光から植松佐渡守に対して、再び獅子浜における新船の造営が促され、舟役など諸役の免除に加え、舟の大小に応じて年貢の減額も約束された（北条氏光印判状〈『沼』五八四号、植松文書〉）。
(46)　元亀二年に成立した甲相同盟は天正六年に崩壊したが、その後北条氏と武田氏との対立が本格化して、天正九年に両水軍が沼津沖で海戦を交えるに至った。天正期に入ってからの北条氏光の口野五か村における船需要の増加は、上記の政治状況と密接に関わると思われる。詳しいことは、則竹雄一「戦国期駿豆境界地域における大名権力と民衆―天正年間を中心に―」（『戦国大名領国の権力構造』吉川弘文館、二〇〇五年、初出一九九九年）を参照されたい。
(47)　前掲註(43)文書。
(48)　口野五か村のほかに、江梨五か村と田子村にも同じ内容の文書が発給されている（『沼』四九六号、江梨鈴木文書、『戦国遺文後北条氏編』〈杉山博・下山治久編、東京堂出版〉一六五七号、山本文書。以下、『戦』と略し、文書番号を付記する)。

(49) 『沼』四九五号、植松文書。

(50) 北条家印判状(『沼』五〇五号、植松文書)。ただし、天正二年七月四日付の北条氏光印判状(『沼』五〇六号、植松文書)を見ると、北条氏光の命令で、一〇四俵の兵糧が氏光の家臣御直与一郎に与えられたことがわかる。

(51) 北条家朱印状(『戦』一〇四三号、道祖土文書)。

(補註) 本章の初出(二〇一四年)の後、水林純氏は、葛山氏から北条氏へという権力の交代の中での、土豪層植松氏の性格の変遷を追究し、植松氏は戦国前期には自律的な地域支配を展開した在地領主的立場であったが、葛山氏と北条氏の下で支配の末端と郷村の代表を担う代官・名主的立場へと変化したという(「戦国期領域権力下における土豪層の変質と地域社会」〈渡辺尚志編『移行期の東海地域史—中世・近世・近代を架橋する—』勉誠出版、二〇一六年〉)。戦国期を通じての土豪層の性格の変容という視点から領主権力の村落支配を検討し、興味深い論点が提示される。口野地域において権益をめぐる土豪層間の争いがあったことに注目して、村の「一器官」として植松氏の被官化の意味をとらえることに批判的な立場を取る点は本章と共通するが、植松氏を在地領主的存在ととらえる点は筆者には疑問である。この点は史料二などの関連史料の再検討と関わるので、今後の課題としたい。

第四章　戦国大名北条氏の郷村支配と土豪層

――「郷請」の実態を考える――

はじめに

戦国大名北条氏は郷を支配の基本単位として、検地を行い、年貢・公事銭・夫役などの賦課を行っている。近年、「郷請」という視点から北条氏の郷村支配の検討がなされているが、それは、一九八五年以降勝俣鎮夫氏の「村町制」論[(1)]と藤木久志氏の「自力の村」論[(2)]が提起した、中世における村請制の存在の指摘を受け継いで、それを北条領国の分析に用いたものと考えられる。そこで、代表的な論者の一人として黒田基樹氏の論点を取り上げると、以下のようにまとめられる[(3)]。すなわち、北条領国の「郷」は自治・自律の村落組織であり、「郷請」は村請と同様なものである。北条氏の年貢・公事などの収取が「郷請」によって実現されており、大名の支配が村請制に規定されるという。また、北条氏の在地支配の末端を担った土豪層についても、村の自立を踏まえた上で議論が展開されている。すなわち、彼らは代官、小代官、名主等に任命され、北条氏の権力機構において大きな役割を果たしているが、しかし一方、あくまでも村落組織の一員であり、行動原理が第一義的に郷村の安定化にあったため、彼らの北条氏への被官化は最終的に村の権益維持・拡大につながったと結論づけた。

黒田氏の諸論点に対して、池上裕子氏は疑問を呈し、北条領国における郷の実態を検討することによって、北条領国の「郷」は自治・自律の組織としての村と必ずしも同一ものではないと指摘した。また、上野国多野郡北谷郷を事例に、「郷請」の実態を検討したところ、それは郷の自治組織の上にではなく、権力との結びつきによって自己の権益の拡大を目指した特定の個人＝地侍（土豪）の主導で成立したという。(4)

筆者は、池上氏の指摘に賛同したい。特に、土豪層を村に埋没させず、独自の位置づけを与えた上で、彼らの行動を解明し、それによって「郷請」の実態、および大名権力と村との関係を検討する必要があると考える。

前述したように、北条氏の郷村支配にあたって、土豪層が直轄領（あるいは支城領）の代官や郷村の小代官に任命される事例が多く見られることは、先行研究でも早くから注目され議論がなされてきた。(5)しかしながら、そこにいくつか疑問点を感じざるをえない。一つ目は、土豪層が務める代官と郷村の小代官という二つの役職を区別せず、小代官層論として展開されているということである。この二つの役職は無論、北条氏が郷村支配のために設置したものであり、(6)土豪層が任命される点においては共通しているといえる。しかしながら、後に本論で検討するように、制度的には異なるものであり、同一視できない。区別を加えることによってはじめて、北条氏がそれぞれ設置した意図がいっそう明らかになってくるのではないかと思われる。二つ目は、土豪層がなぜ代官や郷村の小代官という役職を受け入れるのかという点であり、いわゆる土豪層代官、郷村の小代官が持つ歴史的意義を問う際に、自立の村の一員としてのみ彼らの行動を分析することの問題である。この問題は北条氏と郷村との関係のあり方、また北条領国の「郷請」を考える上で重要なので、改めて検討する必要があると思われる。

以上のように、本章では、土豪層代官と郷村の小代官に焦点をあてて、この二つの役職が北条氏の郷村支配制度においてどのような位置を占めるのかを明らかにしたい。それを踏まえた上で、土豪層代官と郷村の小代官の問題、さらに名主との関係を考察することを通じて、北条領国の「郷請」の実態、および北条氏と郷村との関係のあり方を改めて検討する。

一　北条領国における土豪層代官

1　有力家臣級代官―小代官（手代）

北条氏は直轄領の郷村に代官を派遣し、その支配を任せている。伊豆国西浦地域歴任の代官を見ると、山角康定、伊東政世、安藤良整等があげられるが、彼らは北条氏の有力家臣として西浦地域の代官を務める一方、さまざまな職務を果たしている(7)。そのため、彼らはいつも西浦地域に在地しているわけでなく、いわゆる有力家臣級代官と思われる。彼らの下に手代が置かれ、小代官としてその職務を代行する場合が多く見られる。西浦地域の検討からうかがえるように、小代官は代官からの命令だけでなく、北条氏から直接命令を受けて実行する場合もあるので、小代官は北条氏と代官両方に掌握されていると思われる。また、西浦地域において、代官の手代として史料に現れる「小屋」（山角代）、「山田」（伊東代）、「安藤代大久保」と「安藤豊前代渡辺」(8)等は西浦地域出身の人間ではないと見られることから、彼ら小代官は代官と同じく現地の出身でない可能性が高い。

2　土豪層代官

有力家臣のほかに、土豪層が代官に任命される、いわゆる土豪層代官も多く見られる。管見の限り、下記のような人物が取り上げられる。すなわち、駿河国駿東郡口野地域の植松氏と上野国多野郡北谷郷の飯塚氏はそれぞれ現地の代官を、また武蔵国八林郷の道祖土氏は近隣の三尾谷（三保谷）郷・戸森郷の代官を、武蔵国河越谷中の大野氏・竹谷氏は近隣の府川郷の代官を務めていることがわかる。

先行研究では、北条氏の郷村支配においてこれら土豪層代官が上記の有力家臣級代官と制度的に同じ存在ではないという見解が示されている。すなわち、佐脇栄智氏は、土豪層代官と有力家臣級代官（氏は「部将級代官」と呼ぶ）それぞれの代官給の郷村の貫高に対する割合を比較したところ、土豪層代官給の割合が有力家臣級代官の手代の「小代官給」のそれに近いため、道祖土氏らの土豪層代官は「小代官」と見てよいと指摘した。また、以上の指摘を踏まえた上で、佐脇氏はこれら永禄期以降現れた「小代官」が、北条氏による郷村支配の変革を意味し、すなわち、有力家臣級の者による支配から、在郷ないし近隣の土豪・百姓階層の者による支配へ移動したと結論づけた[9]。

筆者は土豪層代官を代官手代の「小代官」と制度的に同じ存在とはとらえられないと考える。まず、佐脇氏が根拠とする代官給の郷村の貫高に対する割合の問題であるが、そこでは西浦地域の事例が取り上げられた。氏は、寅（天正一八年〈一五九〇〉と見られる）一一月二〇日付の「大川兵庫・同隼人連署覚書[10]」に基づいて、代官給と小代官給が郷村の貫高に対する両者の給分の割合を算出したが、代官給は六・二七％であったのに対して、小代官給は一・五五％だったという。それを踏まえて、氏は土豪層代官の給分の割合も算出し、道祖土氏は二・四四％、大野氏は一・六六％であったため、土豪層代官給の割合は上記の小代官給とほぼ同率であると結論づけた。しかしながら、西浦地域の場合は両代官制の時期があったため、その覚書に記載されている「御代官給」一〇貫文は両代官の給分である可能性を否定できない。実際に、西浦地域に代官と小代官の給分を示す史料がもう一通残されている。

【史料二】　西浦地方年貢本増方書立写[11]

（端裏書）
「西浦御検地之本増移也」

西浦地方御年貢本増出方

但七貫文本年貢也　　但此内引方　十貫文両大代官給
一廿一貫八百卌八文　本増三津分　四貫文両小代官給
　　　　　　　　　　七貫八百卌八文御公方へ定納
（中略）
　惣都合百七拾三貫八百八十二文
但是ハ御検地之時、大草但馬守殿本帳移也、　守吉（花押）
（下略）

史料一は年代未詳だが、「十貫文両大代官給」と「四貫文両小代官給」との記載から、両代官制（山角氏・伊東氏）の時期の史料と見られる。この史料からは、西浦地域の総貫高は一七三貫八八二文であり、その中で一人の代官につき五貫文、一人の小代官につき二貫文が給分として与えられていたことがわかる。そうすると、一人の代官の給分が総貫高に占める割合は二・八八％であり、一人の小代官のそれが一・一五％であることが明らかとなる。こう見れば、有力家臣級代官山角氏と伊東氏の給分の割合は、上記の土豪層代官道祖土氏や大野氏とほぼ同じであることがわかる。以上の分析を通じて、筆者は代官給が郷村の貫高に占める割合をもって、土豪層代官を「小代官」ととらえる根拠にはならないと考える。(12)土豪層代官が有力家臣級代官と比べて、確かに階層的には異なる存在であるが、北条氏の郷村支配制度において両者は同じ次元の存在と考えられる。

また、西浦地域の事例を見ればわかるように、山角氏・伊東氏・安藤氏のように、享禄年間（一五二八〜一五三二）から天正年間（一五七三〜一五九二）にかけて、北条氏は一貫して有力家臣級の家臣を代官に任命している。この事例から、土豪層と有力家臣が代官に起用される直轄領がそれぞれ存在しており、時間的に前後の関係を有しているわけではない。換言すれば、北条氏の代官制度において、それまでの有力家臣のほかに、土豪層も加わるようになったと考えられる。

このように、土豪層代官の出現は、必ずしも佐脇氏が指摘するように、有力家臣級代官から土豪層代官への転換という北条氏の郷村支配の変革とはとらえられない。しかし一方で、有力家臣に加え、土豪層を代官に起用することは、北条氏の郷村支配を考える上で重要である。筆者は、上記の四人の土豪層代官を中心に、検討を加えたい。

まず、土豪層が代官に任命されるそれぞれの背景を見たい。口野地域と北谷郷は、北条氏が進出する前に、それぞれ葛山氏と長井氏の支配を受けていた。そこで、植松氏と飯塚氏は現地の有力土豪として、葛山氏と長井氏の郷村支配に携わる立場にあったと見られる。植松氏は葛山氏元の尾張出陣への参陣がきっかけで葛山氏の被官となり、一〇貫文を宛行われた(13)。また、植松氏は口野地域の代官にも任命され、年貢・公事銭の上納や現地の漁撈活動を指導するなどの役目を務めている(14)。一方、飯塚氏については、池上氏によると、長井氏と結びつくことによって三波川の中下流域の小村に給地を与えられ、軍役を勤めているという。また、長井氏は北条氏と異なり、百姓の経営単位・小村単位の支配であるため、飯塚氏は他の百姓分の年貢納入を請負っていたという(15)。このように、飯塚氏はこの時点で北谷郷の代官になってはいなかったが、当時の権力者長井氏と主従関係を結び、また長井氏の郷村支配において重要な役目を果たしているという点においては、口野地域の植松氏と共通しているといえよう。

一方、三保谷郷と戸森郷は北条氏が進出する前に、岩付城の太田氏から支配を受けていたが、太田氏は現地の土豪ではなく、近隣の八林郷に在住する土豪道祖土氏を代官に起用していた(16)。道祖土氏は早い時点ですでに太田氏の被官になり、給分をもらっていた(17)。

このように、北条氏は当該地域に進出してから、彼ら土豪層が前の権力者に与えられた権益を保証した上で、その代官職をそのまま認めるか、新たに任命する形を取っているのである。

以上の三人の経歴に対して、河越谷中の大野氏・竹谷氏が近隣の府川郷の代官に任命された背景は多少異なる。天正五年に大野氏と竹谷氏は、府川郷に隠田があることを北条氏に訴え、それがきっかけに検地が行われた。検地の結果、府川郷に増分五八貫余が出てきたが、大野氏と竹谷氏は褒美としてそのうちの一〇貫文を与えられるとともに、府川郷の代官にも任命されることになったからである(18)。

以上の整理を通じて、土豪層が代官に任命された背景としては、北条氏は遅れてその地域に進出した場合が多いと見られるが、土豪による隠田の告発がきっかけに、その訴人が代官に任命される場合もある。

次に、土豪層が代官に起用される歴史的意義を検討したいが、これは北条氏と郷村との関係を考える上で重要な問題といえよう。

大野氏・竹谷氏が府川郷の代官に起用される背景から、北条氏は新田開発を重視し、検地により、年貢・公事銭などを増やそうという志向が見られる。これは新たな地域に進出する際にも、同じく重要な問題と思われる。さらに、進出先は境目地域が多かったため、年貢・公事銭・夫役などの賦課に加え、地域防衛といった問題も北条氏にとって支配に欠かせないものである。そこで、現地に詳しく、それまでの権力者の下で郷村支配に携わってきた有力な土豪層を起用するのは、北条氏にとって現実的な選択といえよう。植松氏は小机城主北条氏光の支配下に入ってから、引き続き在地の漁業活動の指導の役割を果たしているが、それと同時に、新船造営を任されることになった。また、口野地域は北条氏と武田氏との領国境界に位置するため、北条氏にとって、境目にあった口野地域の管理は極めて重要であった。そこで、植松氏は口野地域を出入りする船の監視の役割も担うようになったのである。

しかし、現地の土豪層を起用することは北条氏にとってメリットばかりではない。たとえば、植松氏の場合は、代官の役割を果たす一方、口野地域が退転する際に、百姓を代表して、北条氏光と交渉したり、漁撈生産指導の役割や、年貢・公事銭の上納などを怠ったりする行為が見られる。これは土豪層も在地の一員として自分の利害にも関わるため上記の行為を行ったと考えられる。このように、土豪層代官は権力者に協力しながら抵抗する、いわゆる二面性を持っているといえよう。こうした二面性に対して、北条氏光は家臣を立物奉行として派遣し、植松氏と百姓をその統制下に置き、立物奉行を筆頭とする支配体制を整えたのである。

土豪層を代官に起用するのは北条氏による上からの一方的・強制的な政策かといえば、必ずしもそうではないと思われる。本書の第一部第三章で植松氏の検討を通して明らかにしたように、植松氏が葛山氏元の支配期から積極的に権力側と被官関係を結んだのは、権力者の保障により彼が口野地域に持っている諸権益を同村のほかの土豪からの横合い行為から守ろうとするためである。さらに、北条氏光支配下に入ってから、横合い行為に加えて、百姓からの反発も目立つようになったと見られる。葛山氏元と北条氏光は植松氏の諸権益を時には条件づけて保障する代わりに、彼の代官としての役割を特に重視している。

植松氏が古くから現地に地盤と諸権益を有する有力土豪であるのに対して、飯塚氏と大野氏は新参者としての一面が強いといえよう。池上氏によると、戦国期の前後に他所から移住してきたと伝えられる家がたくさんあるが、飯塚氏も大野氏もその中の一員であるという。彼らは現地に移住してから精力的に開発を進めていったが、山野や未開地の権利をめぐって、古くからそこにいる住人たちとの間で利害が対立し、交渉しなければならなかったと考えられる。そのため、権力者と被官関係を結ぶことによって新たな権益を確保するには有効な手段だったといえよう。飯塚氏の場合は臨戦態勢の中で長井氏や北条氏の御用を勤めるには、敵の侵入に備えて山野・山道の監視・管理も必要とされたが、それが山野の支配権や用益権獲得につながるとの池上氏の指摘がある。(19) 大野氏の活動については、田中達也氏の研究があげられるが、それによると、縫殿助の父織田雅楽亮薫廣が石田本郷の大野氏[20]を姻戚の故をもって頼り、谷中に来住したことから大野氏の家の歴史が始まった。やがて子の縫殿助の代になると、谷中や周辺の郷村の田畑を精力的に開発することになったという。そのため、隣村の府川郷や石田本郷の中にも縫殿助の開発地があったと考えられる[21]。前述したように、天正五年に竹谷氏とともに府川郷に隠田があることを訴えることによって、二人は大きな利益を得たといえよう。また、これより先の元亀三年（一五七二）に、大野縫殿助は隣村「河越本郷」（石田本郷）の検地にあたって、田地案内者がいなかったため、大野氏が検地の案内者となっていた。その代わりに、「此外荒地拾年荒野ニ致レ之、可レ為レ開由、仰事ニ候者也」とあるように、大野氏は石田本郷にある荒地の開発権を与えられ、一〇年間は荒野として年貢上納を免除されることになった[22]。

以上のように、植松氏、飯塚氏や大野氏等の事例を通じて、土豪層を代官に起用する背景には、土豪層が自分の諸権益を保障し、拡大していくために、上の領主権力と積極的に被官関係を結ぶという動きが広汎に存在していたことが知られる。

二　北条領国における「郷村の小代官」

北条氏の郷村支配を支えたのは上記の代官―小代官制度のほかに、郷村内部に設置された名主や郷村の小代官も見逃せない存在と思われる。彼らも北条氏の郷村支配制度の一環として、今までの研究でも注目され検討がなされてきた。しかし、名主と比べて、郷村の小代官については、代官の下にいる小代官と同一視される傾向があったため、それらの検討には曖昧なところが残されているといわざるをえない。本書の第一部第二章では、現存する郷村の小代官関連文書を中心に、その設置主体と設置の理由、および小代官の身分を検討することによって、その実像に迫ることを試みた。

まず、郷村の小代官は「郷村名＋小代官・百姓中」という特有な書式を持っているが、これは代官の下にいる小代官の書式と明らかに異なる。このように、北条領国においては、二類型の小代官が存在し、両者は制度的に異なるものと思われる。

次に、郷村の小代官は北条氏当主が設置し、独自に把握する役職と考えられる。北条氏当主は、年貢や諸役銭の徴収、諸公事・夫役の調達、軍事緊迫の際の百姓戦闘員の徴発といった三種類の役割を郷村の小代官に任せようとしているが、いずれも北条氏の郷村支配にとってもっとも肝心なものである。

このような役割を果たすには、在地の有力百姓が一番の人選ではないかと思われるが、関係文書の所蔵先や名主との関係に注目して検討したところ、郷村の小代官はもともと郷中仕置を務めていた名主から選任され、上記の「三本柱」ともいえる三種類の役割の執行に絞られたのではないかと推定した。第一部第二章では紙幅の関係で、郷村の小代官と名主との関係について十分に議論していなかったため、ここでさらに探ってみたい。

両者が密接な関係にあったことは、北条氏がそれぞれ永禄九年（一五六六）と同一一年に、相模国田名郷に下した朱印状からうかがえる。すなわち、永禄九年の朱印状には「当年改而名主・小代官被二加指一(マヽ)」とあるように、宛先も「田名小代官・名主・百姓中」と対応している(23)。ここから、北条氏は改めて名主と小代官を任命し、彼らを棟別銭と穀段銭の皆済の責任を負わせたことがわかる。ところが、二年後の永禄一一年になると、同じく棟別銭と穀段銭の皆済の内容でありながら、「従二卯歳(永禄十年)一改而小代官被二指加一候」とあるように「名主」が見えなくなる(24)。それは偶然に抜けていたわけではなく、宛先を見ればわかるように、文中の内容に対応する形で宛先が「田名之郷小代官・百姓中」

に変わったのである。その後、各役銭の皆済に関わる文書の宛先には「名主」が見えなくなる。(25)その変化は、郷村の小代官と名主との密接な関係を語っている一方、郷村の小代官が設置された後、その役目と位置づけが名主と徐々に区別され、明確にされていったといえよう。

そもそも、先行研究が指摘したように、名主は年貢収納を中心とした領地支配のために、個々の領主（代官を含む）によって設置されていた。郷村の小代官が設置された郷村には、給人領が存在するのが多く見られる。永禄二年の『小田原衆所領役帳』(26)には、「八拾貫文　東郡田奈郷　神尾善四郎」とあるように、松山衆の神尾善四郎は田名郷に八〇貫文の給地を持っていたことがわかる。また、相模国磯辺には津久井衆の野口遠江守が五五貫文、北条氏堯の家臣内藤秀行が三〇貫文をそれぞれ持っていた。(27)したがって、上記の郷村には、給人らが設置した名主が存在していたはずである。また、次の武蔵国入間郡大井郷の事例から、名主が数名設置されることもあると見られる。

大井郷には北条宗哲と吉良氏が発給した文書が残されている。『役帳』には、「五拾貫四百廿四文　入東郡太井郷　卯検地辻」とあるように、北条宗哲は永禄二年の時点で大井郷に上記の知行地を所持していたことがわかる。(28)また、吉良氏も領主として発給した文書が残されている。

【史料二】吉良家朱印状(29)

大井之郷（武蔵国入間郡）塩野（内匠）令二死去一付而、任二遺言一新井（左京亮）申付候處、四人之百□〔姓〕従二前々一之昇趣、委細申立儀露顕候、殊塩野内匠時よりも郷中起立勵二公務一、近年山〔文〕野志度窪・小田窪両地令二開発一、内匠跡をも引汲可二走廻一之段、惣百姓逼塞訴申付而、新井左京亮ニ出置黐二印判一、四人ニ令二落着一候、雖レ然、条々申上筋目、就二相違一者、自余ニ名主可レ被二仰付一、猶盡二粉骨一、郷中之儀可二走廻一者也、仍如レ件、

天正七己卯年霜月廿七日（「請願成就回令満足候」朱印）　中地山城守奉之

塩野庄左衛門尉

新井帯刀

小林源左衛門尉

新井九郎左衛門尉

これは天正七年（一五七九）に起きた名主をめぐる争いに関わるものであるが、吉良氏がなくなった名主塩野内匠の遺言を受けて新井左京亮を新名主に任命する朱印状を出したところ、塩野庄左衛門尉・新井帯刀・小林源左衛門尉・新井九郎左衛門尉といった四人の百姓が異議を申し立てた。交渉した結果、吉良氏は左京亮を罷免してその四人を名主に任命することにした。その後、吉良氏はこの決定を北条宗哲に伝えたが、宗哲はそれを認めており、四人の新名主に対して荒田の開発を勤めるように命じた(30)。

史料二からうかがえるように、名主による荒田開発が重視されており、先行研究でも指摘するように、名主の役割は郷中の仕置に関わる。そのため、北条氏は新たな郷村支配政策を展開する際に、名主に目をつけるのは当然のことであろう。ただし、郷村の小代官が果たす役割からわかるように、各役銭の賦課や百姓戦闘員の徴発は北条氏が直轄領と給人領を問わず郷全体を対象に賦課するものであるため、北条氏にとって、給人の領地支配に位置づけられていた名主をそのまま襲用するよりは、郷村の小代官という新たな役職を設けて、彼らの役目を明確にしていくほうが、支配政策の展開にいっそう有利であろう。上記の田名郷に見られた変化には、北条氏のこのような思惑が潜んでいるのではないかと考える。

無論、第一部第二章でも検討したように、郷村の小代官の人選は、名主から選ばれる可能性が高いと思われる。名主が数名存在する場合が多いと考えられるが、その際、郷村の小代官はどう選ばれるであろうか。前述のように、大井郷の場合は、天正七年に名主を新井氏ら四名に任命した吉良氏と北条宗哲が発給した文書はいずれも「新井喜久治氏所蔵文書」として新井家に伝存している。一方、天正一五年に北条氏が郷村の小代官に宛てた文書が「塩野文書」として塩野家に伝存している。(31) これは、新井氏ら四名の名主から塩野氏が郷村の小代官に任命されたと解釈してよいであろう。なお、史料に出てくる「名主中」と比べて、郷村の小代官には「中」がつけられる事例がないことを考えれば、郷村の小代官は一人である可能性が高いと考える。

以上、第一部第二章での検討を踏まえた上で、郷村の小代官と名主との関係について補足した。両者は密接な関係にありながら、制度的に考えれば郷村の小代官は給人が設置した名主とは異なり、北条氏によって設置され、独自に把握される新たな役職であり、その役目は、北条氏が直轄領と給人領を問わず郷全体に賦課する三種の役の執行であるといえよう。

おわりに

本章では、土豪層代官と郷村の小代官それぞれの北条氏の郷村支配制度における位置づけを明確にすることを試みた。在地の土豪層が任命される点において、両者は共通しているが、制度的には異なる存在であることを明らかにした。(32) 彼らは北条氏の郷村支配、いわゆる「郷請」において大きな役割を果たしていたといえよう。

表7　相模国東郡田名郷関係文書一覧

番号	年　月　日	文　書　名	宛　　先	内　　容	出　典	備考
1	天文19(1550). 4.1	北条家朱印状	田名郷百姓中	退転のため，諸役の替りに懸銭かけるなど	戦369号	＊1
2	天文21(1552) 8.10	北条家朱印状	田名百姓中	段銭の上納	戦417号	
3	永禄5（1562). 9.24	北条家朱印状	田名之郷小代官・百姓中	諸役銭の上納（段銭，懸銭，城米銭）	戦789号	
4	永禄6（1563）6.10	北条家朱印状	田名地頭・代官・百姓中	玉縄城塀役の務め	戦815号	
5	永禄6（1563）8.1	北条家朱印状	田名百姓中	当年分の段銭と増分の上納	戦822号	
6	永禄8（1565）8.12	北条家朱印状	田名代官・百姓中	同上No. 4	戦925号	
7	永禄8（1565）9.3	北条家朱印状	田名百姓中	玉縄城米銭の上納（米納）	戦929号	
8	永禄9（1566). 8.23	北条家朱印状	田名小代官・名主・百姓中	諸役銭の納法（棟別銭，殻段銭）	戦969号	
9	永禄9（1566）9.22	北条家朱印状	田奈郷百姓中	殻段銭の上納	戦982号	
10	永禄11(1568). 8.10	北条氏康朱印状	田名之郷小代官・百姓中	同上No. 8	戦1090号	
11	永禄12(1569) 3.14	北条氏康朱印状	田名百姓中	駄物八俵を小田原から西浦まで運送すること	戦1178号	
12	永禄12(1569). 8.20	北条氏康朱印状	田名小代官・百姓中	同上No. 8	戦1300号	
13	永禄12(1569) 8.28	北条氏康朱印状	田那百姓中	同上No. 7	戦1305号	
14	永禄12(1569). 12.27	北条家朱印状	田名小代官・名主	郷村から城留守番を召集すること	戦1367号	
15	元亀2ヵ(1571) 9.26	北条家朱印状	田名百姓中	河村城の普請役（人足4人，2日間，賃金160文）	戦1513号	
16	天正3ヵ(1575) 9.9	北条家朱印状	田名代官・百姓中	水損による諸役銭の免除と納法	戦1803号	＊2
17	天正9（1581）8.17	北条家朱印状	田名之郷代官・百姓中	段銭の上納	戦2262号	
18	天正16(1588) 9.14	北条家朱印状	田名・厚木・田村・筏士中	材木を相模須賀まで届けること	戦3370号	

備考＊1　伊豆西浦，伊豆狩野牧之郷，相模一色，相模磯辺郷，武蔵品川にも同じ内容の文書が発給された．
備考＊2　武蔵駒林郷に「小代官」宛の文書が同一内容である（戦1804号）．

なお、北条氏が郷村宛に発給した文書の宛先に「百姓中」との表現がよく見られる。この表現によって、百姓中心の自治的な村組織が存在すると考えられるであろうか。最後に、郷村の小代官という点に注目して、相模国田名郷を中心に、「百姓中」の内実を考えてみたい。

北条氏が田名郷に宛てた文書を表7にまとめてみたが、田名郷では郷村の小代官の初見は永禄五年（一五六二）であることがわかる（表7—3）。第一部第二章で述べたように、郷村の小代官が設置された背景には、その時期に銭納制が行き詰って、百姓らの抵抗が年貢と各役銭の徴収に影響を与えていたことがあると見られる。しかし、田名郷に郷村の小代官が設置された翌年に、北条氏は朱印状を出して当年分の段銭と増分の上納を催促したが、その宛先が「田名百姓中」となっており、郷村の小代官が見えなくなる（表7—5）。また、永禄九年も同様である。すなわち、同年八月二三日付に「田名小代官・名主・百姓中」を宛先に、棟別銭や穀段銭など各役銭の納法を内容とする北条家朱印状が発給された（表7—8）。一方、その翌月二二日に北条氏は上記の穀段銭を小田原への上納を催促したが、その朱印状の宛先が「田奈[名]郷百姓中」となっていた（表7—9）。その後も表7に示したように、同じ現象が繰り返し見られる[33]。

この現象をどう考えればよいであろうか。筆者は、たった一か月ほどの時間で、郷村の小代官が設置されたり、廃止されたりすることはありえないと思い、これは「百姓中」の内実を検討する上で一つのポイントになると考える。すなわち、宛先に「百姓中」としか書かない場合でも、実際に命じられた役目を執行するのは、郷村の小代官や名主のような、いわゆる在地の有力百姓に違いないであろう[34]。したがって、少なくとも郷村の小代官についての検討を通じて、実際に在地の有力百姓・土豪が主導で北条氏の命令に応じており、百姓中心の自治的な村組織が存在するとただちには判断できないであろう。

無論、本章は土豪層の役割を重視する一方、郷村における百姓の存在と活動を否定するわけではない。池上氏は土豪の役割のほかに、百姓の存在と役割をもっと評価すべきだと指摘している、北条領国における「郷請」の実態を考える上で重要であろう。今後の課題として、検討を進めていきたい。

註

(1) 勝俣鎮夫「戦国時代の村落―和泉国入山田村・日根野村を中心に―」(『戦国時代論』岩波書店、一九九六年、初出一九八五年)。

(2) 藤木久志「移行期村落論」(『村と領主の戦国世界』東京大学出版会、一九九七年、初出一九八八年)。ほかに、同『戦国史をみる目』(校倉書房、一九九五年)、同『刀狩り―武器を封印した民衆―』(岩波新書、二〇〇五年)、同『戦う村の民俗を行く』(朝日新聞出版、二〇〇八年)なども、一貫して「自力の村」像を追究している。

(3) 黒田基樹「北条領国における郷村と小代官」(『中近世移行期の大名権力と村落』校倉書房、二〇〇三年、初出一九九六年)、同「大名被官土豪層への視点」(同前著書、初出一九九八年)、同「大名被官土豪層の歴史的性格」(同前著書、初出二〇〇一年)など。

(4) 池上裕子「中近世移行期を考える―村落論を中心に―」(『日本中近世移行期論』校倉書房、二〇一二年、初出二〇〇九年)、同「中・近世移行期を考える」(『駒澤大学大学院史学論集』四二号、二〇一二年)。

(5) 本書の第一部第一章と第二章で検討したように、小代官に二種類が存在しているが、すなわち、代官の手代としての小代官と郷村の小代官がいる。

(6) 先行研究では、郷村の小代官は北条氏当主が独自に設置したものと考えていない。詳しい検討は本書の第一部第一章と第二章を参照されたい。

(7) たとえば、安藤良整は北条氏の家臣として、御蔵奉行の筆頭を務め、財政を管掌する。天正元年に西浦地域の代官を務めると同時に、天正一六年まで伝馬手形や虎印判状の奉者も務めていた。『戦国人名辞典』(戦国人名辞典編集委員会編、吉川弘文館、二〇〇六年)「安藤良整」項目参照。

(8) 西浦地域における代官手代としての小代官の関連文書は、『沼津市史』史料編古代・中世の中世二七九号、三八六号、五五五号、六三一号、六四五号、七四九号があげられる。以下、『沼』と略し、「中世」のうちの史料番号を示す。

(9) 佐脇栄智「後北条氏の郷村支配とその役人」(『後北条氏と領国経営』吉川弘文館、一九九七年、初出一九九六年)。
(10) 『豆州内浦漁民史料』下巻、一七一五号。
(11) 『沼』補七八八号(菊池浩幸「『沼津市史　史料編』中世編　補遺(続)」〈『沼津市史研究』一四号、二〇〇五年〉)、長浜大川文書。
(12) また、口野地域の土豪層代官植松氏の下に「小代官」が存在していること(『沼』三六七号、植松文書)を考えれば、これは上記の部将級代官—小代官と同じ仕組みを持っていると見られる。したがって、佐脇氏が主張するように土豪層代官を小代官ととらえるなら、植松氏の下に「小代官」が存在する事実と齟齬することになるであろう。
(13) 葛山氏元印判状、『沼』三〇四号、植松文書。
(14) 前掲註(12)文書。植松氏の葛山氏支配期の活動については第一部第三章をも参照されたい。
(15) 前掲註(4)池上論文「中近世移行期を考える—村落論を中心に—」四二～四三頁。
(16) 北条家朱印状、『戦国遺文後北条氏編』(杉山博・下山治久編、東京堂出版。以下、『戦』と略し、文書番号を付記する)一〇四三号、道祖土文書。
(17) 太田道可判物、『新編埼玉県史　資料編6(中世2)』一一三号、一一四号、道祖土文書。
(18) 北条家朱印状、『戦』一九一四号、大野俊雄氏所蔵文書・北条家朱印状、『戦』一九一五号、竹谷文書。
(19) 前掲註(4)池上論文「中近世移行期を考える—村落論を中心に—」四三～四四頁。
(20) 北条氏が石田本郷の小代官・百姓中宛に発給した文書は、「大野福治氏所蔵文書」として石田本郷折戸大野家に伝存していることから、折戸大野家が石田本郷の小代官を務めていたと見られる。『戦』三一四五号、三六五五号。
(21) 田中達也「中世末期の府川郷—開発と郷の解体—」(『大東文化大学紀要』四四号、二〇〇六年)
(22) 河越本郷検地定書、『戦』一六〇七号、大野福治氏所蔵文書。
(23) 『戦』九六九号、陶山静彦氏所蔵江成文書。
(24) 『戦』一〇九〇号、陶山静彦氏所蔵江成文書。
(25) 郷村から城留守番を召集する際に、小代官と名主がまだ一緒に記されていると見られる(第一部第二章表6—14、15、18)。

(26) 佐脇栄智校注『小田原衆所領役帳』(東京堂出版、一九九八年)。

(27) そのほかに、管見の限りでは、相模国西郡の千津嶋、小八幡郷においても、それぞれ「伊波　四拾三貫弐百十八文　西郡千津嶋内三浦分」、「高麗越前守　四拾五貫文　西郡小八幡」とあるように、給人領が含まれていたことがわかる。

(28) 本書の第一部第二章で触れたように、年未詳であるが、北条宗哲が大井郷の名主・百姓中か百姓中だけに宛てた文書が三通残されているが、いずれも兵糧の運送や桔梗根の上納についてのものであった。『戦』三五二七号、三五二八号、三五三二号、塩野文書。

(29) 吉良家朱印状、『戦』二二一七号、新井喜久治氏所蔵文書。

(30) 北条宗哲朱印状、『戦』二二一九号、新井喜久治氏所蔵文書。

(31) 北条家定書、『戦』三一四六号。

(32) 実際に、郷村の小代官の関連文書の範囲が拡大する可能性があると思われる。すなわち、後に田名郷を中心にまとめた表7を見ればわかるように、表7―16は「田名代官・百姓中」宛の北条家朱印状であるが、同じ文言と内容のものが武蔵国駒林郷にも宛てられた(『戦』一八〇四号、武州文書所収橘樹郡林平所蔵文書)。その宛先が「駒林小代官　百姓中」であることを考えれば、表7―16の「代官」が実際には小代官である可能性が高い。

(33) また、表7―15は河村城普請のため、人足四人を二日間雇うとの内容であるが、この場合の宛先が「田名百姓中」となっている。しかし、同じく普請人足徴発の内容だが、天正一八年一月五日付に「鴨井小代官　百姓中」(武蔵国鴨井)宛の北条家朱印状写が存在する(『戦』三六〇五号、武州文書所収都筑郡五左衛門所蔵文書)。

(34) 実際に「百姓中」宛の文書が、郷村の小代官・名主宛の文書と一緒にすべて田名郷の江成家に伝存していることもその一端を物語っているであろう。

第二部　戦国期の菅浦と領主支配

第一章　戦国期菅浦における領主支配の変遷

——年貢・公事銭請取状の分析を通じて——

はじめに

琵琶湖の北岸に位置する菅浦は、中世惣村の典型として数多くの研究がなされてきた。研究の豊富な応仁・文明の乱以前の菅浦については、①惣の形成と展開、惣運営機構＝自治組織の構造、②日指・諸河の耕地をめぐる大浦庄との堺相論、村の紛争解決の実態、共有文書の機能、③菅浦をめぐる支配関係、などの解明が、議論の中心となった。(1)

これに対し、応仁・文明の乱以降（以下、戦国期とする）の菅浦についての研究は多くはない。(2)概略については赤松俊秀氏が明らかにしているが、氏の議論の中心は、鎌倉・室町期を通じて形成された菅浦惣の「自治」が、戦国期の一〇〇余年の間に崩壊していく過程の究明にあった。(3)その後の戦国期菅浦の研究はこの命題をめぐって展開されていき、さらに議論の中心は戦国大名浅井氏の支配により惣の「自治」は崩壊させられたか否か、という点に移った。(4)

しかし、戦国期の菅浦の全貌を解明するためには、浅井氏の支配期の検討だけでは不十分といわねばならない。浅井氏に至るまで、菅浦を支配した領主は頻繁に交代したが、その全貌はいまだ不明な点が多い。菅浦を支配した領主の変遷は、日指・諸河の年貢・公事銭請取状（以下、請取状と記す）からうかがえる。菅浦は

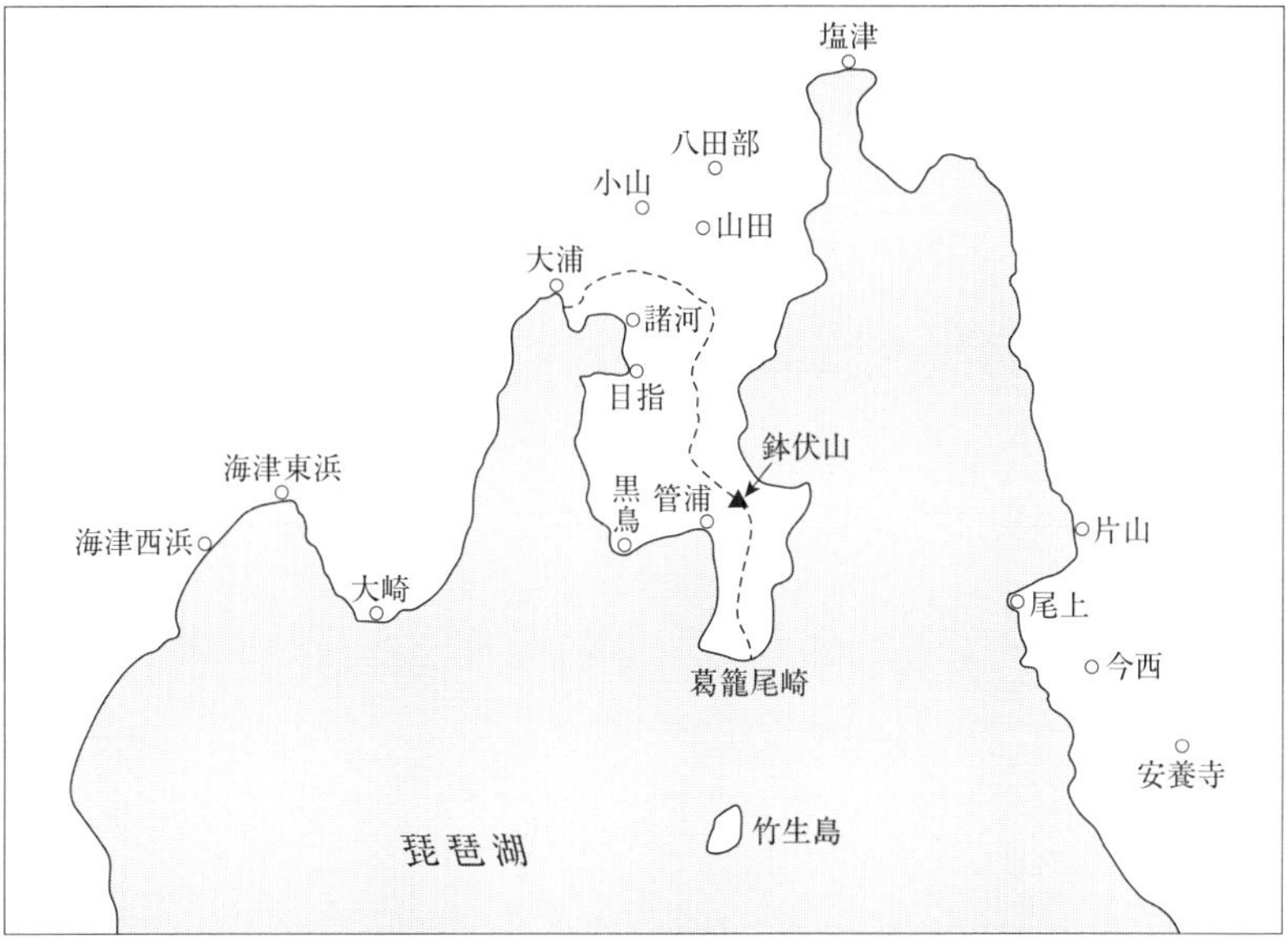

図３　菅浦周辺図（田中克行『中世の惣村と文書』より転載）

多数の領主に年貢を納入しているが、[5]その中で、日指・諸河の田地と畠にそれぞれ賦課された年貢（二〇石）と公事銭（春成銭一〇貫文・秋成銭一〇貫文）は、数量的に圧倒的なものであるため、この徴収者が菅浦の代表的な領主であるといえる。

この日指・諸河の請取状を取り上げて詳細な分析を行ったのは田中克行氏である。[6]氏は、請取状などの整理を通じて、日指・諸河の年貢・公事銭の起源は鎌倉期に遡り、徴収者（領主）は、山門檀那院→梶井宮門跡→日野家と変遷した、と指摘している。

しかし、氏は室町期の領主関係（日野家領の時期）の解明に重点を置いたため、日野家領から脱却した後については、文明四年（一四七二）～長享二年（一四八八）に今西熊谷西袋氏と塩津熊谷氏が領主となり、[7]その後、湖北の土豪→戦国大名浅井氏と変遷した、という指摘にとどまり、変遷の過程やその意味について、具体的な考察を行っていない。

長享年間以後の請取状は花押だけが据えられ、人物が不明なものも多いが、これらの花押の人物の比定を行うことは菅浦の領主の変遷を知る上で重要である。そして、この点は、いまだ統一的な見解が出されていない、浅井氏による菅浦支配の開始時期の解明にも関わる。

浅井氏の菅浦支配の開始時期について赤松氏は大永年間（一五二一〜一五二八）と述べているが、その根拠は、大永七年〜享禄四年（一五三一）に日指・諸河の請取状に署判する人物（『菅浦文書』の花押37）が浅井氏と関係するということにある。[8][9][10] 最近、宮島敬一氏は、天文五年（一五三六）前後は湖北地域で浅井氏と京極氏の勢力が交代した時期であり、その前後こそ菅浦が浅井氏の支配下に入った時期であると指摘したが、具体的な根拠はあげられていない。[11] 周知のごとく、湖北において浅井亮政が台頭するのは大永年間頃からだが、その勢力がすぐに菅浦に及んだか否かという問題は、赤松氏が指摘した花押37の人物の解明が一つの鍵となろう。[12]

よって、本章では、日指・諸河の請取状の署判者とその主人を検証する作業を通して、浅井氏の支配に至るまでの戦国期菅浦における領主支配の変遷について論じたい。[補註(1)]

一　延徳〜大永年間における領主の変遷

1　請取状の整理

表8は、延徳〜元亀年間（一四八九〜一五七三）の日指・諸河の請取状をまとめたものである。[13] 本節では、花押37の人物が現れる大永七年（一五二七）までの請取状について検討したい。

詳細は不明な部分が多いが、領主の変遷は以下の八期に分けることができる。

第一期：延徳二年（一四九〇）一二月〜明応二年（一四九三）四月

表8　日指・諸河の年貢・公事銭請取状一覧

年　月　日	数　量	請　取　人（備考）	出　典
第1期　　延徳2年12月～明応2年4月			
延徳2(1490). 12.23	4.15石	依貞（「半分所務」）	1117号
延徳2(1490). 12.23	秋2.25貫文	依貞（「半分所務」）	1117号
延徳3(1491). 3.10	5石	五坪左京亮（「去年之秋成分」「半分山本方」）	1118号
延徳3(1491). 3.10	秋2.5貫文	五坪左京亮（「去年之秋成分」「半分山本方」）	1118号
延徳3(1491). 11.22	10石	五坪左京亮　依貞	1120号
延徳4(1492). 4.15	春5貫文	左衛門（黒印）	1122号
明応1(1492). 12.20	10.1石	依貞	501号
明応2(1493). 4.5	春5貫文	依貞	1124号
第2期　　明応2年12月			
明応2(1493). 12.3	14.3石	花押62（「安養寺米」〈裏書〉）	1126号
明応2(1493). 12.7	秋9.5貫文	花押62（「安養寺代」〈端裏書〉）	863号
第3期　　明応3年12月～明応8年4月			
明応3(1494). 12.15	8.3石	花押15	219号
明応3(1494). 12.15	秋3貫文	花押15	219号
明応4(1495). 12.12	8.3石	依貞（花押43）	570号
明応4(1495). 12.12	秋5貫文	依貞（花押43）	570号
明応5(1496). 4.19	春10貫文	花押63	864号
明応5(1496). 11.19	5貫文	花押15（「料足」）	1133号
明応5(1496). 12.3	秋7貫文	花押15	1134号
明応6(1497). 2.24	11.3石	左近	371号
明応6(1497). 2.24	秋4貫文	左近	371号
明応6(1497). 3.30	春9.5貫文	左近	1135号
明応6(1497). 12.26	13.3石	依貞	1137号
明応6(1497). 12.26	秋5.5貫文	依貞	1137号
明応7(1498). 4.23	春10貫文	依貞	1138号
明応7(1498). 12.3	8.8石	花押16	221号
明応7(1498). 12.3	秋4.5貫文	花押16	221号
明応8(1499). 4.1	春4.5貫文	定使三郎太郎	1140号
明応8(1499). 4.10	春10貫文	依貞	1141号
第4期　　明応8年12月～文亀2年12月			
明応8(1499). 12.29	12.8石	安養寺　西野（端裏書の記載）	1142号
明応8(1499). 12.29	秋9貫文	安養寺　西野（端裏書の記載）	1142号
明応9(1500). 12.26	18.3石	安養寺定使田介　西野定使彦左衛門	1143号

明応 9 (1500). 12. 26	秋 10 貫文	花押 64 カ　花押 62	1144号
文亀 1(1501). 12. 25	17 石	花押 64　花押 62	865 号
文亀 1(1501). 12. 25	秋 7 貫文	花押 64　花押 62	865 号
文亀 2 (1502). 4. 15	春 10 貫文	安養寺御使田介　西野御使五郎衛門	525 号
文亀 2 (1502). 12. 7	11. 634 石	安養寺代官　西野代官	1148号
文亀 2 (1502). 12. 7	秋 6. 665 貫文	安養寺代官　西野代官	1148号
第 5 期　文亀 3 年 8 月～文亀 4 年 3 月			
文亀 3 (1503). 8. 晦日	春 5 貫文	花押 77（「大浦下庄半分之内菅浦分」）	1151号
文亀 3 (1503). 12. 16	2. 15 石	山本左近	1149号
文亀 3 (1503). 12. 16	秋 1 貫文	山本左近	1149号
文亀 3 (1503). 12. 16	3 石	山本高久	1152号
文亀 3 (1503). 12. 16	秋 1 貫文	山本高久	1152号
文亀 3 (1503). 12. 27	2. 15 石	山本左近	1150号
文亀 4 (1504). 3. 29	春 1 貫文	山本左近	1153号
第 6 期　永正 2 年 12 月～永正 3 年 11 月			
永正 2 (1505). 12	秋成皆済	左衛門	1154号
永正 3 (1506). 11. 23	年貢皆済	弓削康次	556 号
第 7 期　永正 6 年 12 月～大永 2 年 4 月			
永正 6 (1509). 12	秋 10 貫文	熊谷直久（花押 65）（「免加定」）	1157号
永正 7 (1510). 2. 14	3 貫文	兵衛四郎　彦兵衛(「れうそく」〈料足〉)	1158号
永正 9 (1512). 4. 5	春 10 貫文	熊谷直久（花押 65）	1160号
永正 9 (1512)　?. 1	秋成皆済	兵衛四郎	1159号
永正11(1514). 12. 29	20 石	熊谷直久（花押 65）（「当損免加定」）	871 号
永正11(1514). 12. 29	秋 10 貫文	熊谷直久（花押 65）（「当免加定」）	871 号
永正12(1515). 12. 24	18 石	熊谷直久（花押 65）	1161号
永正12(1515). 12. 27	20 石	熊谷直久（花押 65）（「当免加定」）	1163号
永正12(1515). 12. 27	秋 10 貫文	熊谷直久（花押 65）（「免加定」）	1163号
永正13(1516). 4	春 10 貫文	熊谷直久(花押65)(「定使より度々ニ請取」)	1164号
永正16(1519). 12. 28	秋 5 貫文	熊谷直久（花押 65）	1165号
大永 2 (1522). 4	春 10 貫文	花押 38（熊谷直久の花押に酷似）	544 号
第 8 期　大永 3 年 12 月			
大永 3 (1523). 12. 28	秋 10 貫文	花押 49	615 号
第 9 期　大永 7 年 4 月～享禄 4 年閏 5 月			
大永 7 (1527). 4. 10	春 2. 1 貫文	五郎兵衛次久（花押 37）	1170号
享禄 1 (1528). 12. 23	秋 2 貫文	五郎兵衛次久（花押 37）	1171号
享禄 2 (1529). 12. 29	秋 7. 5 貫文	五郎兵衛次久（花押 37）	541 号

享禄 3 (1530). 3. 4	秋 4. 8 貫文	三郎太郎久	878 号
享禄 3 カ (1530). 4. 25	20 石	五郎兵衛次久(花押37)(「享禄弐年分」)	574 号
享禄 3 (1530). 4. 25	春 7 貫文	五郎兵衛次久（花押 37）	606 号
享禄 3 (1530). 6. 23	春 10 貫文	五郎兵衛次久（花押 37）	584 号
享禄 3 (1530). 12. 23	7 石	義種（花押 79）　通晴（花押 80）	1173号
享禄 3 (1530). 12. 23	秋 7 貫文	義種（花押 79）　通晴（花押 80）	1173号
享禄 4 (1531). 閏 5. 5	春 10 貫文	五郎兵衛次久（花押 37）	595 号
第 10 期　天文 3 年 4 月～天文 7 年 3 月			
天文 3 (1534). 4. 11	7. 6 貫文	吉三郎（「御料足」）	1175号
天文 5 (1536). 12. 24	7 貫文	吉三郎（「御料足」）	1178号
天文 6 (1537). 11. 11	9. 885 石	吉三郎	1183号
天文 7 (1538). 3. 26	3. 5 貫文	吉三郎（花押 81）（「両度ニ」）	1180号
第 11 期　天文 9 年 12 月～天文 11 年 12 月			
天文 9 (1540). 12. 13	7. 9 貫文	中嶋弥八（去年未進分 11 石の算用分）	886 号
天文 9 (1540). 12. 13	春 18. 15 貫文	中嶋弥八（去年と今年）	1061号
天文 9 (1540). 12. 25	8. 45 石	直清　法□（欠）（「公方年貢米」）	507 号
天文10(1541). 5. 20	6. 27 貫文	太郎衛門（「三はく銭」〈山畠銭〉）	887 号
天文11(1542). 2. 10	0. 95 貫文	北庄源八左衛門（「去々年米未進分」）	894 号
天文11(1542). 12. 27	秋 7. 303 貫文	未詳（山畠銭渡日記）	897 号
第 12 期　天文 13 年 11 月～元亀 4 年 8 月			
天文13(1544). 11. 20	8 石	浅井井伴	1196号
天文13(1544). 12. 吉日	20 石	浅井井伴（「此内引物損免引」）	1197号
天文17(1548). 8. 14	18. 3 石	未詳（惣中年貢算用状）	907 号
天文17(1548). 8. 14	19. 5 貫文	未詳（惣中年貢算用状, 「春秋二度」）	907 号
天文23(1554). 4. 21	春 9. 5 貫文	浅井井伴	1059号
天文23(1554). 11. 14	秋 10 貫文	浅井井伴カ	1060号
弘治 2 (1556). 12. 19	秋 10 貫文	浅井井伴（菅浦庄納年貢帳）	1069号
永禄 1(1558). 5. 4	9. 5 貫文	浅井井伴	1200号
永禄 6 (1563). 8. 9	麦 1. 6 石（0. 6 貫文）	浅井井伴（未進の春成と来秋成に算用）	207 号
永禄 6 (1563). 12. 21	5 貫文	浅井井伴（「山畠銭」）	307 号
永禄 6 (1563). 12. 22	秋 10 貫文	浅井井伴	499 号
永禄 8 (1565). 3. 11	10 貫文	浅井井伴（「山畠銭」）	1203号
永禄11(1568). 5. 20	10 貫文	浅井井伴（「山畠銭」）	1216号

元亀 2 (1571). 2.3	18.3 石	未詳（三十石米立用覚）	1217号
元亀 2 (1571). 11.29	11.223 石	浅井井伴（春成，秋成に算用）	936 号
元亀 4 (1573). 6.27	春 6 石	浅井井伴（「春成銭米」）	1226号
元亀 4 (1573). 8.6	春 3.8 石	平方某（又右衛門重慶の花押）（「山畠春成米」）	1225号

（注）
①出典は『菅浦文書』（上・下，滋賀大学日本経済文化研究所史料館編纂）による．番号は刊本の番号に従う．
②東京大学史料編纂所架蔵の写真帳を参考にして，刊本の記載に修正を加えた．
③請取状に控除額が書いてある場合は，実際の納入額で示す．
④第 12 期については，註（5）田中論文表 2 にもまとめられている．

延徳三年三月一〇日に、五坪左京亮が昨年の年貢半分と秋成銭半分を受け取り、出した請取状には「菅浦惣庄半分山本方」との記載がある。前年一二月二三日付の請取状に「請取申半分所務年貢秋成」とあり、姓不明の依貞が署判している。二通の文書を合わせて考えれば依貞は山本氏の代官と推測される。さらに、延徳三年一一月二二日に、五坪左京亮と依貞の連署の請取状が見られ、延徳二〜三年の年貢・公事銭は、五坪氏と山本氏が半分ずつ取った。ただし、明応元〜二年は依貞が単独で署判しており、山本氏が独占するようになったと考えられる。

第二期：明応二年一二月

請取状に「安養寺米」「安養寺代」とあり、安養寺氏の支配が確認できる。署判する花押62（第四期にも現れる）は安養寺氏の代官と考えられる。

第三期：明応三年一二月〜明応八年四月

請取状には、依貞のほかに、花押15・16・63が現れるが、いずれもどのような人物か不明である(14)。ただ、依貞は第一期に現れ、山本氏の代官と見られることから、第一期と同じく、山本氏が領主と考えられる。

第四期：明応八年一二月〜文亀二年（一五〇二）一二月

安養寺氏と西野氏の代官が連署した請取状があり、端裏書や署判についての記述からも、安養寺氏と西野氏が共同して菅浦を支配していたことがわかる。

第五期：文亀三年八月〜文亀四年三月

請取状に山本氏一族の人物（山本左近・高久）が署判しており、第一・三期と同様に、山本氏が領主である。

第六期：永正二年（一五〇五）一二月～永正三年一一月

永正二年一二月の請取状に署判する左衛門の正体は不明だが、その翌年に弓削氏が請取状に署判している。

第七期：永正六年一二月～大永二年（一五二二）四月

永正四年と五年は請取状が見られないが、永正六年から大永二年までは花押65・38が見られる。この二つの花押は熊谷直久の花押と一致する。(15)『菅浦文書』に熊谷直久の関連文書は二通あるが、(16)いずれも未進年貢や公事銭などの徴収・催促に関わるものである。田中氏は、日野家が菅浦の支配から撤退した後の文明四（一四七二）～一二年に今西熊谷西袋氏と塩津熊谷氏が菅浦の領主になったと指摘したが、花押65の比定により、永正六年～大永二年の間に塩津熊谷氏が再び菅浦の領主となったことが明らかとなる。

第八期：大永三年一二月

大永三年一一月晦日付の浅見貞則書状(17)は、牢人衆による菅浦の田畠などの知行を停止してほしいという菅浦の訴えを認める内容である。この時点で浅見氏が菅浦の領主であったと考えられ、請取状の花押49は浅見氏の代官であろう。大永三年三月には京極高清の後継者をめぐって内紛が生じており、その顚末は『江北記』(18)に詳しい。これは上坂信光が補佐する京極高清政権に対する、浅見氏をはじめとした京極氏家臣によるクーデターであり、この乱によって浅見貞則は京極氏の執権となり、湖北に君臨することになる。前述した書状もそうした立場から出されたものと考えられる。しかしその後すぐに浅井亮政が浅見氏にかわって実権を握ることになる。

2　領主の変遷の意味

以上、延徳年間から大永三年までの領主の変遷を概観してきた。五坪氏・山本氏・安養寺氏・西野氏・弓削氏・熊谷氏・浅見氏などが見られるが、彼らは菅浦の近隣を出身地とする土豪（国人領主）といえる。田中氏はこの時期の菅浦について湖北土豪の支配期と指摘したが、注意しなければならないのは、以上の土豪たちが守護京極氏の被官であることである。(19)『江北記』には「根本当方被官之事」との記述があり、彼らは、五坪氏・山本氏と室町幕府奉公衆の熊谷氏を除いて、文明年間以後、京極氏の被官となったことが確認できる。(20)

文明二年に京極持清が亡くなった後、家督相続をめぐって一族内で高清と政高（政経）が対立し、永正二年に箕浦庄の日光寺で講和が成立するまで長年の内紛が続いた。その後も湖北の実権をめぐって京極氏家臣（上坂、浅見、浅井）間の争いが激しかった。延徳年間から大永三年までの間、一人の土豪が菅浦の年貢・公事銭の徴収を長期間行うのではなく、頻繁に交代が起きたのは、当時の混迷した地域情勢を鮮明に物語っていると思われる。

さて、表8によると、大永四～六年の間に請取状が見当たらない空白期があるが、大永七年～享禄四年（一五三一）の間、花押37の人物が請取状に現れる。はたして、この人物は赤松氏が指摘したように浅井氏の関係者であろうか。次に、花押37の人物の検討に移りたい。

二　大永七年～享禄四年における領主

1　花押37の人物の検討

大永七年（一五二七）四月～享禄四年（一五三一）閏五月の間、請取状に見られる花押37は、赤松氏によると、『菅浦文書』三五号・一七九号・九七六号にある五郎兵衛次久（以下、次久と略す）の花押と一致するという。(21)『菅浦文書』を見ると、次久の関連文書は右のほかに、一八一号・九五八号・九五九号・九六〇号と合わせて七点があり、(22)この七点の文書に現れる次久の花押は確かに花押37と一致する。(23)よって、大永七年〜享禄四年の間、次久が請取状を出したことがわかる。この時期を前節での時期区分に続けて、第九期と呼びたい。

赤松氏の指摘は花押の一致にとどまるが、享禄年間には請取状の関連史料を比較的豊富に見出すことができる。そこで次久の請取状について詳しく検討していきたい。

享禄三年の春成銭の請取状には次の二通が見られる。

【史料一】　五郎兵衛次久春成銭請取状(24)（切紙）

享禄三年春成銭之事

合七貫文四月廿五日まて請取也、

残テ参貫未進　あり

享禄三年夘月廿五日　（花押）花押37ニ同ジ

【史料二】　五郎兵衛次久春成銭請取状(25)（切紙）

納菅浦春成銭之事

合拾貫文者

右皆済也、

享禄三年六月廿三日　（花押）花押37ニ同ジ

史料一は、享禄三年四月二五日付で、菅浦から春成銭七貫文を受け取ったが、三貫文は未進という。史料二は、同年六月二三日付で、菅浦が春成銭一〇貫文を皆済したことが記される。つまり、史料二は、史料一にいう未進三貫文を受け取った後、皆済の証明として再び出された請取状である。これを裏づけるのは、次の二通の次久書状である。

【史料三】　五郎兵衛次久書状(26)（折紙）

猶申候、未進之御折見（料足）早々御皆済候て可レ給候、

先度被レ仰候其方春成銭之残三貫文之分、各借銭之由申上候へハ、御心得不レ行候、早々御皆済可レ有由、急度被二仰出一候、御代銭なから早々御皆済可レ有候、残テ之分三貫七百文早々渡可レ給候、又御年貢之未進之分三石五斗代成テ御預かり状上申候、是も何かと被レ仰候へ共、涯分申候て、秋まて申のへ申候、恐惶謹言、

五月廿六日　　五郎兵衛 次久（花押）

菅浦惣庄中 まいる

【史料四】　五郎兵衛次久書状(27)（折紙）

猶申候三貫文之御折見（料足）早々御皆済可レ有候、よそへ急用候てかたく可レ渡之由急度御出（仰カ）候間、一両日中ニ早々御皆済たのミ入存候、

七百文たしかに請取□□（申候カ）残三貫文之御折見（料足）之事、借銭□（之）由いろ〳〵申上候へ共、事ならす候間、一昨日おりかミ（折紙）進候事候、只今又借銭之由被レ仰上者、御心得行間敷候間、早々御皆済可レ有候、我等しよさい（如在）なく候へ共、急度被二仰出一候間、もし又折見（料足）おそく候ハヽ、一両日中ニ急請取可レ申候、我等ひまなく候間、おりかミ（折紙）にて申候、一銭にても候へ、かりにわなるましく候、早々御皆済可レ有候、恐惶謹言、

五月廿九日　　五郎兵衛 次久（花押）

菅浦惣庄中 参　御宿所

年未詳の史料三と史料四はともに次久が菅浦に送った書状である。この二通の文書は内容が関連している。すなわち、次久は五月二六日付で、春成銭未進三貫文、未進七〇〇文、[28]未進年貢三石五斗を早く支払うようにという書状を菅浦に送った（史料三）。菅浦はそれを受けて、未進七〇〇文を支払ったが、春成銭未進三貫文は支払わなかった。これに対して、次久は三日後の二九日に再び書状を送り、七〇〇文を受け取ったことを述べた上で、春成銭未進三貫文を早く完納するように催促した（史料四）。

史料三に「春成銭之残三貫文」とあるのは、史料一の記述と一致する。それゆえ、史料三・四の年次は享禄三年と推定でき、史料一→史料三→史料四→史料二という流れが推測できる。すなわち、次久は、享禄三年四月二五日に春成銭七貫文を受け取り、三貫文の未進を記す請取状を菅浦に送った（史料一）。菅浦は未進三貫文の借銭を、次久を通じてその主人に願い出るが、拒絶され、次久は五月二六日に催促した（史料三）。そこで、菅浦はまず他の未進分七〇〇文を支払ったが、春成銭三貫文は支払わず、次久は三日後の二九日に再度催促の書状を出す（史料四）。その後、六月二三日に菅浦は未進の春成銭三貫文を支払い、次久は皆済の請取状を出した（史料二）。

以上の史料からうかがえるように、次久は菅浦からの借銭の申し出の諾否を一存では決められず、主人に報告している。では、次久の主人は誰であろうか。

これについて、赤松氏は次の史料に現れる「三郎太郎久」との関連性を指摘した。

【史料五】　三郎太郎菅浦庄秋成銭請取状[29]（折紙）

秋成銭之事、只今貳貫六百文請取申候、先度貳貫貳百文、ツ《都》合両度ニ四貫八百文請取申候、親にて候者帰陣之時皆済可ㇾ申候、事々恐々謹言、

享禄三年
　三月四日　　　　三郎太郎
　　　　　　　　　　久（花押）
菅浦惣中まいる御宿所

これは享禄二年度の秋成銭の請取状である。「三郎太郎久」は今回二貫六〇〇文を受け取り、前回の二貫二〇〇文と合わせて、四貫八〇〇文を受け取った。未進の秋成銭は「親」が帰陣する時に皆済してほしいという。

この「三郎太郎久」とその「親」は誰であろうか。赤松氏はこの請取状が次久の関連文書である九七六号と三五号と関わることを指摘している。しかしその関連について掘り下げず、「三郎太郎久」が浅井久政である可能性を述べ、「三郎太郎久」は次久を使って大永七年から享禄四年まで菅浦の年貢・公事銭を徴収したという。大永年間以降、菅浦が浅井氏の支配下に入ったとする根拠はこの点である(30)。しかし、享禄三年は、浅井亮政が活躍している時期であり、浅井久政はまだ幼く、菅浦の領主として請取状を出す可能性は低い。よって「三郎太郎久」が次久の主人とは考え難い。次の史料も見てみたい。

【史料六】　五郎兵衛次久書状(31)（切紙）

わさときりかミ《切紙》進レ之候、仍又今日ミの《美濃》へ御たち候、又ろうにん《牢人》衆もいてへきに候、もの《物》おのけ《退》ようしん《用心》かんよう《肝要》に候、又此きりかミ《切紙》おすかのうら《菅浦》へ早々もち候て参、去年のあきなりせん《秋成銭》五貫五百文早々御請取候て、大うら《浦》のかわらはやし九郎二郎との《殿》へ御わたし《渡》候へく候、そのためにすかのうら《菅浦》へも大うら《浦》へもきりかミ《切紙》進候、又大浦の御名主中のせいきせん《銭》共、又たうねん《当年》の公事せん共、早々御こい候へく候、其方のきゆたん《油断》なくようしん《用心》かんよう《肝要》に候、こゝもとハひさしく可レ存候、何事もゆたん《油断》なくようしん《用心》かんよう《肝要》に候、かしく、

　二月廿五日　　　　五郎兵衛（花押）

三郎太郎とのへ
まいる

【史料七】　五郎兵衛次久書状[32]（切紙）

又申候、われら其方へ当年の御吉書ニ可」参候へ共、いまたひまなく《暇》候間不」参候、返々あきなりせん《秋成銭》、御うたかい《疑》なく、かわらはやしとの《殿》へ御わたし《渡》候へく候、五貫五百文かと存候、去年御代官衆壹貫文御うけとり《請取》かと存候、のこる《残》分早々御わたし《渡》候へく候、そのために三郎太郎進」之候、

急度きりかミ《切紙》にて申候、仍其方去年の秋成銭六貫五百文之分早々大浦のかわらはやしとの《殿》へ御渡可」有候、上さま《様》よりおほせいたされ候間、態人を進」之候、御うたかい《疑》なく御わたし《渡》候へく候、そのために又かわらはやしとの《殿》へもきりかミ《切紙》進」之候、恐惶謹言、

二月廿五日　五郎兵衛《次久》（花押）

すかのうら《菅浦》惣庄中
参御宿所

史料六は年未詳の二月二五日付の次久書状で、宛先は三郎太郎である[33]。次久が三郎太郎に対して、自分はこれから美濃に行くが、この切紙を早く菅浦まで持っていき、去年の秋成銭五貫五〇〇文を受け取って、それを大浦の「かわらはやし九郎二郎」に渡すようにと伝えている。

史料七は史料六と同じ日付の次久書状で、宛先は菅浦惣庄中である。これによると、次久は菅浦に対し、去年の秋成銭は、「御代官衆」が一貫文を受け取ったので、残りの五貫五〇〇文を早く大浦の「かわらはやし」へ渡してほしい。次久自身は暇がないので、菅浦に行けないが、「上さま」から、早く支払うようにと命令が出されたので、三郎

太郎を菅浦に派遣した、と伝えている。

大浦の「かわらはやし」へ渡すこと、五貫五〇〇文の秋成銭、同じ日付・差出人などの共通点から、史料七と史料六は一連の文書と考えられる。そして、「三郎太郎」という人物、秋成銭の徴収などから判断すると、この二通の史料は史料五と内容的に関連しており、同じく享禄三年に出された史料と確定できる。

すなわち、次久は享禄三年二月二五日に、三郎太郎と菅浦惣庄中にそれぞれ史料六と史料七を出した。自身は美濃に行くため、三郎太郎を菅浦に派遣して、去年の秋成銭五貫五〇〇文の受け取りを命じた。そして、受け取った分は大浦の「かわらはやし」へ渡してほしいという。史料五によると、三郎太郎は三月四日までに二回に分けて、四貫八〇〇文を受け取って、史料五の請取状を出した。しかし、四貫八〇〇文を支払ったものの、指定の五貫五〇〇文には届いていない（七〇〇文未進）ので、その残分について請取状の最後に、「親」が帰陣する時に皆済してほしいと書いたのである。

以上の一連の文書を踏まえると、三郎太郎の「親」とは次久の可能性が高く、「三郎太郎久」の「久」は次久からの一字である蓋然性が高い。

また、右に述べた経過から、史料三に記された未進七〇〇文も理解が可能となる。史料六・七によると、秋成銭として五貫五〇〇文を要求されたのに対し、菅浦が支払ったのは四貫八〇〇文であった（史料五）。未進は七〇〇文となる。史料三で、享禄三年の春成銭の催促の際に記された七〇〇文の未進とはこれにほかならないであろう。史料四によると、この未進を菅浦は五月二九日に支払ったのである。

なお、表8によると、同年の一二月二三日付の請取状には、花押79と花押80が現れるが、この二人は誰であろうか。花押の比定をすると、一五六号・九四八号・九四九号に署判した「両代官」義種・通晴の花押と同一である。この三通の文書はいずれも、菅浦に対する年貢・公事銭の催促に関わるものである。義種・通晴の請取状が出された翌年の享禄四年閏五月五日の請取状に再び次久の花押37が現れることと、前述した史料五の三郎太郎が署名する請取状のケースとを合わせて考えれば、義種と通晴は、三郎太郎のように、次久が都合により菅浦に行けなかったため、菅浦に派遣された人物の可能性が考えられる。

さて、五郎兵衛次久はあくまでも日指・諸河の年貢・公事銭を徴収するために派遣された代官であり、彼の主人こそ、大永七年〜享禄四年の菅浦領主である。赤松氏はその主人を浅井久政と指摘したが、その根拠は弱い。次にこの時期の領主の検討を行いたい。

2　大永七年〜享禄四年の菅浦の領主

『菅浦文書』を見ると、享禄二年正月二三日に直房という人物が、菅浦に対して、今後自分に忠節を尽くすべきだとし、特に年始歳末の礼等を等閑にしてはならず、下の者が無理をいってきた場合は直訴するように、と記した書状が見出せる。(34)『菅浦文書』の中で、大永七年〜享禄四年に同様の文書は見られず、この文書の文言から、直房は領主としての立場で菅浦に臨んでいる可能性が考えられる。

この史料について、『菅浦文書』の編者と蔵持重裕氏(35)は「浅井直房書状」と名づけているが、比定の根拠は述べられていない。「浅井系図」(36)を見ると、「直房」なる人物は見当たらず、浅井亮政の実父に当たる浅井直種と、亮政を養子に取った浅井直政とがいるので、「直」の字を持つ直房を浅井氏の人間に比定したのではなかろうか。

一方、赤松氏(37)と宮島氏(38)は「熊谷直房書状」と指摘する。これは『東浅井郡志』の編者黒田惟信氏の見解を継承した(39)ものと思われる。天文三年（一五三四）八月二〇日に、浅井亮政が小谷の宿所に京極高清・高広父子を饗応した際の

「天文三年浅井備前守宿所饗応記」(40)には、「小谷饗応座席図」があり、京極高清の隣に着座したのは熊谷下野守であった。黒田氏は、この熊谷下野守の実名を直房と推定した。

筆者には黒田説が妥当と思われる。塩津熊谷氏の系図は伝えられていないが、「直」を名乗る一族が多く存在することはよく知られている。『菅浦文書』にも、前述した、永正年間の菅浦の領主である熊谷直久（花押65）の書状や、熊谷直儀の書状(41)が残されている。文明年間と永正六年（一五〇九）～大永二年（一五二二）には塩津熊谷氏が菅浦を支配した時期があり、「直」の名乗りからも、直房を塩津熊谷氏の当主ないし一族と考えるのが妥当と思われる(42)。

以上のように、享禄二年の時点で菅浦の領主は熊谷直房と考えられ、五郎兵衛次久の主人も直房ということになる。よって次久が請取状に署判する大永七年～享禄四年の菅浦の領主は塩津の熊谷氏と推測される(43)。

三　天文～元亀年間における領主の変遷

表8によると、享禄四年（一五三一）以後、請取状は一時跡絶えるが、天文三年（一五三四）には吉三郎なる人物が署名する請取状が現れ、天文七年まで続く（第一〇期）。これらの請取状には年貢、春・秋成銭などの表現はないものの、数量から見れば、年貢と公事銭であると考えて差し支えない。

請取状に再び明確に年貢米と公事銭が表示されるのは天文九年一二月一三日付の中嶋弥八の請取状である。この年から天文一一年までの請取状に現れるのは中嶋氏のほかに、「大(太カ)郎衛門」（後述の註(46)文書によると、北庄源八左衛門の使）や北庄源八左衛門などである（第一一期）。中嶋氏については、その一族と考えられる中嶋貞清が天文九年に公用銭の徴収に関して菅浦に書状を出しており(44)、天文二二年には、浅井氏の使いとして徳政条目を交付したと見られる(45)。

一方、北庄氏の本拠地は現在の近江八幡市内にあり、安養寺氏などと比べると、菅浦から離れた土地の土豪である。では、彼らはどういう立場で請取状を出したのであろうか。

『菅浦文書』にはちょうど彼らの身分がわかる史料が残されている。それは天文一一年正月七日から始まる浅井新三郎御用船数日記である。(46) 浅井新三郎は浅井亮政の娘鶴千代の婿である。本名は田屋明政で、高島郡海津を本拠地とし、当初は亮政の後継者とされていた。(47) 天文一一年正月六日は亮政が亡くなった日で、理由は不明ながら、その翌日から浅井新三郎は菅浦に大量の船の徴用を命じている。この記録には、請取状に署判している中嶋弥八、北庄源八左衛門、北庄氏の「使」である「大郎《(太カ)》衛門」の名が見える。中嶋氏と北庄氏がこの時点で浅井氏の家臣であることが明らかとなる。

「はじめに」で述べたように、宮島氏は天文五年前後（京極氏から浅井氏への勢力交代の時期）から、湖北地域は浅井氏の支配下に入ったと指摘した。日指・諸河の請取状を見ると、天文九年の請取状から浅井氏家臣と目される人物が確認できる。さらに、天文七年九月二一日に浅井亮政が湖北に発布した徳政令が(48)『菅浦文書』に残ることから、天文年間以降、菅浦は徐々に浅井氏の支配下に入ったと考えられる。

表8に示したように、天文一一年までは浅井氏の家臣が代官を務め、代官は年ごとに変わったが、同一三年以降は浅井氏の一族の井伴が請取状に現れ、浅井氏が滅亡する元亀四年（一五七三）まで一貫して菅浦の代官を務めた（第一二期）。

この変化は、浅井氏の戦国大名化の道のりと対応していると考えられる。すなわち、前述したように、大永五年（一五二五）に浅井亮政は浅見貞則の打倒を図り、さらに天文三年に小谷の宿所に京極高清・高広父子を饗応するなど、京極氏権力内での政治的な地位を確立したが、その後、江南の六角氏との戦いや、天文一〇年からの京極氏当主高広との確執などが生じており、天文五年前後に京極氏から浅井氏へ勢力が交代したといっても、浅井氏はただちに湖北に戦国大名としての地位を確立したわけではないだろう。

　菅浦支配に即してみれば、天文一二年八月二〇日付の菅浦寺庵百姓中宛の京極氏奉行人奉書(49)は、「御急用」のため菅浦に二〇貫文を借りたいという内容である。すでに浅井氏の支配下に入った菅浦に敵対する京極氏が借銭しようとすることから、浅井氏の支配はまだ安定的なものではないといえよう。その支配は浅井井伴の代官支配が始まる天文一三年を境に新しい段階に入ると考えられる。補註(2)

おわりに

　本章では、田中氏の視点に学びながら、日指・諸河の年貢・公事銭請取状を整理し、署判者の花押の検証を通じて戦国期（延徳～元亀年間）における菅浦の領主の変遷を検討した。その変遷は次のようにまとめられる。
① 延徳年間以降は、五坪氏・山本氏・安養寺氏・西野氏・弓削氏・浅見氏など湖北の土豪が領主となる。五坪氏・山本氏以外は近江守護京極氏の被官であることが確認でき、京極氏の支配の浸透を物語る。
② 花押37の分析を通じて、大永七年から享禄四年に、塩津熊谷氏（直房）が領主となったことが明らかとなる。塩津熊谷氏は文明年間、永正六年～大永二年についで、右の時期にも菅浦の領主となった。
③ 日野家領から脱却した文明年間から、享禄年間にかけて、京極氏の被官や熊谷氏などに菅浦の領主が頻繁に交代したのは、当時の湖北の混迷した地域情勢と密接に関わっているといえる。
④ 天文初年頃は請取状の記述も乏しいが、天文九年以降の請取状には年貢米と公事銭が明示される。この年には

浅井氏の家臣と確認できる中嶋弥八が署判し、菅浦が浅井氏の支配下に入ったことが知られる。しかし、浅井氏による菅浦支配が安定期に入ったのは、天文一三年に一族浅井井伴が代官となって以後と考えられる。

本章では戦国期菅浦の日指・諸河の請取状を検討してきたが、日野家領の時期と比べ、領主支配の性質はどのように変化したのだろうか。

田中氏は、日野家領の時期の菅浦はみずからに協力的でない領主には年貢を納めないという原則を貫き通したが、その原則は湖北の土豪や浅井氏には通用しなかったと指摘した。その根拠の一つは、菅浦が勝ち取った年貢半減が熊谷氏によって否定されてしまったことである(50)。文明年間以降の湖北土豪による菅浦支配は、史料の制約により全貌を知ることは困難だが、前述したように、菅浦が熊谷氏の代官五郎兵衛次久と未進年貢の借銭をめぐって交渉したものの、結局認められなかった事例などが見られ、湖北土豪による菅浦の支配は従来よりも強力なものであったといえよう。

次いで、浅井氏の支配下に入ってから状況はどう変化したであろうか。

「はじめに」で述べたように、浅井氏との関係は、戦国期の菅浦を検討する上で重要なテーマである。一九五〇・六〇年代の研究が主張した浅井氏による領主支配の強力さに対して、近年の研究では、浅井氏による領主支配はそれまでと変わらないものとされる(51)。しかし今回検討した結果を見れば、領主の交代が激しい湖北土豪による支配期と比べて、天文年間に浅井氏の支配下に入り、特に天文一三年に一族の浅井井伴が代官となって以降、浅井氏の支配が安定的に続くことは重要な変化である。

浅井氏の支配のもとでも、年貢・公事銭の額はそのまま認められたが、湖北土豪の支配期には見られなかった舟役が課されるようになった。もっとも重要なのは代官支配の性質の変化である。すなわち、それまでの代官は領主へ年貢・公事銭を送る任務を担うだけであったが、浅井井伴は舟役の賦課、年貢の代納（それにより菅浦の債権者になる）、村内部の人間の被官化、油実商売への介入など、菅浦に支配を浸透させていく。

以上のように、浅井氏による菅浦の支配はそれまでと比べて、継続面と変化面が見られるが、従来の研究はそれぞれ一面を強調した議論になっているように思われる。菅浦と浅井氏の領主支配との関係を総体的にとらえなおす必要があるが、これについては改めて論じたい。(52)

註

（1）田中克行『中世の惣村と文書』（山川出版社、一九九八年）に「菅浦関係文献目録」が収録されている。一九九八年以後の論文や、個別の論点に関する先行研究は適宜言及することにしたい。

（2）前掲註（1）「菅浦関係文献目録」の「（3）菅浦の専論」を見ると、戦国期の菅浦についての論文は、七一篇のうち、一〇篇余りしかない。

（3）赤松俊秀「戦国時代の菅浦―供御人と惣　続論―」（『古代中世社会経済史研究』平楽寺書店、一九七二年、初出一九五九年）。

（4）菅浦と戦国大名浅井氏との関係については、これまで二つの見解に分かれている。一九五〇・六〇年代の研究を代表する赤松俊秀氏らは、惣村形成指標の一つ＝検断権・「自検断」が浅井氏の介入で崩壊したことや、さらに、菅浦が借銭により経済的破綻に陥ったことを指摘し、浅井氏は年貢未進を猶予することで菅浦惣の死命を制しており、菅浦が浅井氏への隷属の度を深めたと主張した（前掲註（3）赤松論文）。一方、近年、阿部浩一氏（「戦国時代の菅浦と代官支配」〈『戦国期の徳政と地域社会』吉川弘文館、二〇〇一年、初出一九九五年〉）は、借銭問題を徳政令の視点から考察し、借銭は菅浦の経済破綻を意味するのではなく、菅浦が未進行為を一つの手段として年貢納入に対する主導権を握っていたと赤松氏と正反対の意見を出している。

（5）菅浦の年貢負担体系は、①日指・諸河年貢、②山門前田年貢、③竹生島上分米年貢、④内蔵寮・山科家供御年貢、⑤公文職年貢、⑥日吉社八王子宮・二宮権現神役の六つに整理できる（田中「地下請と年貢収取秩序―近江国菅浦惣庄の場合―」前掲註（1）著書、初出一九九五年）。

（6）田中克行「室町期の請取状にみる領主関係」（前掲註（1）著書）。氏は、そのほかに、山門・竹生島・山科家の年貢についても分析している。

（7）田中氏によると、文明四年三・四月に今西熊谷西袋氏、文明七年一一月〜一二年四月に塩津熊谷氏、長享元年閏一一月に日野家の支配が確認でき、その他の期間の領主は不明という（前掲註（6）田中論文一七六〜一八〇頁）。

（8）『菅浦文書』上・下（滋賀大学日本経済文化研究所史料館編纂、有斐閣、一九六〇・六七年）。以下、引用史料の番号はこの刊本に従う。文書名も原則としてこれに従うが、内容に即し変更したものもある。

（9）以下、花押番号は刊本の花押一覧（下の付録一、二七九〜二八四頁）による。

（10）前掲註（3）赤松論文五五七〜五七四頁。

（11）宮島敬一『浅井氏三代』（吉川弘文館、二〇〇八年）四二頁。

（12）文明年間以降の湖北の政治状況は、黒田惟信編『東浅井郡志　第二巻』第二章〜六章（滋賀県東浅井郡教育会、一九二七年）、『長浜市史2　秀吉の登場』第一章〜二章（長浜市史編纂委員会、一九九八年）、前掲註（11）宮島著書四四頁以下に詳述されているので、参照されたい。本章の湖北の政治状況に関する言及も以上の文献を参考にしたものである。

（13）以下、本文で引用する請取状の文書番号については表8を参照されたい。

（14）花押15・16が署判する二一九号と二二一号について、刊本は「裏松家代官菅浦庄年貢并秋成銭皆済切符」との文書名を付すが、裏松家代官である根拠は示されていない。なお、花押15は文明一二〜一七年の請取状に断続的に現れる（前掲註（6）田中論文一七八〜一七九頁）。

（15）東京大学史料編纂所架蔵の写真帳を見ると、花押65と花押38は酷似しており、同一人物のものと考えられる。

（16）『菅浦文書』四二三号、九八二号。刊本は「直有書状」とするが、直久の花押である。

（17）『菅浦文書』二六六号。

（18）『群書類従』二一輯（続群書類従完成会）に収録。

（19）蔵持重裕氏は明応・文亀年間の領主を裏松家（日野）と考えており、安養寺氏・西野氏を裏松家の代官であると指摘した（『中世村の歴史語り―湖国「共和国」の形成史―』吉川弘文館、二〇〇二年、八六頁）。しかし、田中氏が指摘したように、文明三年に菅浦が日野家領から脱却した後、日野家の支配が復活したのは長享元年九月であった。白子貞雄が日野家より代官に任命され（八五九号・八六〇号）、又代善七が年貢の請取状に署判している（一二三七号）。その後の日野家の支配がいつまで続いたか不明であるが、それまで湖北の土豪を代官に任命したことがないことを考えると、日野家の支配はこの一年だけの可能性があり、文明三年を境として、日野家の日指・諸河の領有は終わったと思われる。したがって、安養寺氏・西野氏を日野家の代官とは考えにくい。

（20）『江北記』は京極氏家臣を、「根本当方被官之事」（安養寺・弓削）・「一乱初刻御被官参入衆事」（浅見朝日殿）・「近年御被官参入衆之事」（西野六角殿）と区別している。この点について、前掲註（11）宮島著書七～一一頁参照。

（21）前掲註（3）赤松論文五五九～五六〇頁。

（22）二〇六号と一二三四号には「中間五郎兵衛」が現れる。一二三四号は料足請取状だが、署判する「御中間五郎兵衛」の花押を次久のものと比べると、形が違い、別人であろう。二〇六号には「中間五郎兵衛」の花押がない。刊本は一七九号の五郎兵衛次久と同一人物とするが、根拠は示されていない。

（23）東京大学史料編纂所架蔵の写真帳を参照して確認した。

（24）『菅浦文書』六〇六号。

（25）『菅浦文書』五八四号。

（26）『菅浦文書』九五八号。

（27）『菅浦文書』九五九号。

（28）この七〇〇文の未進については後述する。

（29）『菅浦文書』八七八号。

（30）前掲註（3）赤松論文五五九～五六三頁。

（31）『菅浦文書』九七六号。

（32）『菅浦文書』三五号。

（33）刊本の翻刻は「二郎太郎」であるが、写真帳を見る限り、「三郎太郎」と見て差し支えない。

（34）『菅浦文書』二六五号。

(35) 蔵持重裕「中世菅浦文書について（六）」（『研究紀要』三六号、滋賀大学経済学部附属史料館、二〇〇三年）二六五号。
(36) 『続群書類従』六輯下（続群書類従完成会）に収録。
(37) 前掲註(3)赤松論文五五九頁。
(38) 前掲註(11)宮島著書一一一頁。
(39) 前掲註(12)『東浅井郡志　第二巻』一一三頁。
(40) 『続群書類従』二三輯下（続群書類従完成会）に収録。
(41) 『菅浦文書』四〇四号、四一五号。
(42) 二六五号のほか、『菅浦文書』には年未詳一一月二日付の「直房」書状（二四八号）もある。同文書には、直房は菅浦から「御状」をもらったが、在陣しているために礼をいうのが遅れた。「如何様従二塩津一より（衍）礼可レ申候」とあるように、塩津より礼をいうと書かれている。この文書から直房が熊谷氏の本拠である塩津と深く関わる人物であることがうかがえる。ただし、二つの文書の直房の花押の形は異なっている。『菅浦文書』の編者と蔵持氏は二つの書状をともに浅井直房書状とし、赤松氏は筆跡が似ていることから、ともに熊谷直房書状と考えている。
(43) 太田浩司「湖北における奉公衆の動向―佐々木大原氏を中心として―」（『駿台史学』八三、一九九一年）は、室町幕府の奉公衆熊谷氏等は、明応の政変以降の奉公衆の組織崩壊に伴い、在地での影響力が徐々に低下したと指摘する。しかし、本章の検討から見れば、熊谷氏は享禄年間まで菅浦の領主として活躍していたといえるであろう。
(44) 『菅浦文書』四一九号。
(45) 『菅浦文書』二六二号。
(46) 『菅浦文書』八九一号。
(47) 前掲註(11)宮島著書八四～八五頁。
(48) 『菅浦文書』二六三号。
(49) 『菅浦文書』三〇〇号。刊本の文書名は「浅井亮政奉行衆奉書」である。
(50) 前掲註(6)田中論文一八三頁。

（51）　前掲註（4）を参照されたい。

（52）　借銭問題について、先行研究の見方が異なることは前掲註（4）で述べたが、筆者は本書の第二部第二章で、天文年間の借銭事例の検討を通して、先行研究の問題点を指摘した。

補註（1）　本章の初出（二〇一一年）以後、戦国期の菅浦に関して多くの研究が発表されている。蔵持重裕「菅浦惣『永禄十一年壁書』について」（『研究紀要』四六号、滋賀大学経済学部附属史料館、二〇一三年、似鳥雄一「戦国期惣村の生産・商業・財政―菅浦と浅井氏・竹生島の関係をめぐって―」（『日本史研究』六三二号、二〇一五年）、菅浦研究の特集として『研究紀要』（四九号、滋賀大学経済学部附属史料館、二〇一六年）に掲載されている一連の論文などがあげられる。以下、第二部の各章において関連する論点について補註の形で提示したい。

補註（2）　宇佐見隆之氏は、第一一期に現れる中嶋弥八と北庄源八左衛門がこの段階では海津の田屋明政に仕えていたと指摘し、また、天文一三年の浅井井伴による年貢請取状（一一九六号、一一九七号）は田屋氏の代官として出されたものと見ている。そのため、天文九～一六年の間は菅浦は主として田屋氏の支配下にあり、田屋氏と浅井久政による亮政の後継者争いが決着した段階で、代官浅井井伴による支配が天文二二年以降に確立していくという（「菅浦文書中の浅井氏関係史料をめぐる一視点―浅井井伴を中心に―」〈『研究紀要』四九号、滋賀大学経済学部附属史料館、二〇一六年〉八九～九〇頁）。筆者もこれにおおむね賛成するが、疑問に思う点もある。すなわち、本文でも触れたように、田屋明政は当初浅井亮政の後継者とされ、亮政の娘鶴千代の夫として浅井家に婿入りしていた。亮政の死後の明政と久政による後継者争いは長くは続かず、天文一三年には久政の家督継承が確認できる。家督を継承した久政にとって重要な課題は、いかに京極氏の支配から脱却して北近江に領国支配を着実に展開するかということであり、菅浦支配もその一環として確立していったと考えられる。また、田屋氏は浅井家内部の者であり、浅井氏の支配期と区別することの意義も問われよう。

第二章　戦国期における菅浦の借銭問題

――天文年間の借銭事例の再検討を中心に――

はじめに

『菅浦文書』(1)を見ると、永正一二年（一五一五）以降、特に戦国大名浅井氏の支配下に入ってから(3)、菅浦の借銭に関する文書が目立つようになる(3)。蓄積の豊富な菅浦の先行研究において、この借銭の問題はどのようにとらえられてきたであろうか。見方は大きく二つに分かれる。

一つは、赤松俊秀氏より提起された見方である(4)。氏によると、戦国期の菅浦は借銭により経済的困窮に陥っており、浅井氏は未進年貢を猶予することで菅浦惣の死命を制していた。浅井氏からの借銭は徳政令の適用範囲外であった。こうした経済的困窮の中、菅浦の「自検断」は崩壊し、浅井氏への隷属の度が深まったという。すなわち、借銭は経済的破綻を意味し、菅浦が浅井氏の介入を許した理由と考えたのである。

その後、湯浅治久氏が大名権力の徳政令の考察に関連して菅浦の借銭問題に言及した(5)。赤松氏とやや論調は異なるものの、借銭により菅浦が経済的困窮に陥ったことや、浅井氏の徳政令は未進年貢を対象としないため、菅浦が権力の徳政令により借財を解消する手立てが浅井氏のもとではありえないなどとした点において、赤松説の影響を受けた見方といえるであろう。

もう一つの見方は、近年、阿部浩一氏より提起されたものである(6)。氏によると、浅井氏の代官が未進年貢を貸借として処理した場合、それは代官と菅浦が私的に結んだ貸借関係と見做され、徳政令による債務破棄の対象となったという。したがって、未進年貢の存在は、菅浦の経済破綻を意味するのではなく、菅浦が未進行為を一つの手段として年貢納入に対する主導権を握っていたことを示す、と赤松説と正反対の結論を出している。

以上のように、借銭問題は戦国期の菅浦と浅井氏との関係を理解する上で重要な課題であるが、見解が二つに分かれたまま、十分な進展がないのが現状である。

『菅浦文書』には、借銭問題を検討する上で格好の事例がある。それは、天文五年（一五三六）に菅浦が中村甚左衛門尉儀と熊谷甚次郎から合わせて六〇貫文を借り、天文一二年にその返済について、菅浦と中村氏の間で交渉が行われた事例である。前述した赤松氏と阿部氏の議論でも取り上げられているが(7)、赤松氏は菅浦が浅井氏への債務返済に苦心する一例として説明し、阿部氏も前述した論点を補強するために、この事例を詳しく論じている。両氏の見解はこの借銭を浅井氏からのものと見る点で一致しているが、返済交渉の内容や徳政令との関係、さらにこの事例を通じて描かれる菅浦と浅井氏との関係像には大きな相違が見られる。また、史料に現れた人物の身分など基礎的な事項に関してもまだ検討の余地があると考える。

そこで本章は、戦国期菅浦の借銭問題を考える上で重要となる、上記の事例についての再検討を行うことにしたい。

一　借銭の契機と返済交渉の過程

「はじめに」で紹介した、中村甚左衛門尉儀らからの借銭に関しては、『菅浦文書』に七点の関連史料が存在している。前述したように、この借銭返済の解釈については、赤松氏と阿部氏の間で大きな相違が見られる。そこでまず、関連史料を取り上げて、借銭の契機と返済交渉の過程を検証していきたい。

まず、借銭がなされたのは天文五年（一五三六）のことである。

【史料一】　菅浦東惣庄料足預り状(8)

（端裏書）
「菅浦東村預状」

預中御料足之事

合四拾貫文者、

右件御料足者、菅浦東村家々けふり立間、八貫文利分為御用之時可レ進者也、無沙汰仕候者御催促可レ預者也、仍為二後日一預状如レ件、

天文五年八月廿四日　　菅浦東惣庄

長阿弥（花押）　（以下、五名の署名略）

御使大浦　左近三郎
　　　　　孫五郎

中村甚左衛門殿　まいる

【史料二】　菅浦惣庄料足預り状(9)

預中御料足之事

合弐拾貫文者、

右御料足者、当所家々けふり立間、毎年拾月中ニ四貫文為二利分一、御用之時進上可レ申候、無沙汰仕候者、御催促
可レ有者也、仍為二後日一預状如レ件、
天文五年九月七日　菅浦物庄
大郎兵衛（花押）老
熊谷甚次郎殿　まいる
（以下、四名の署名略）
使弥源太才才

天文五年八月二四日に菅浦東村[10]が中村甚左衛門尉儀から四〇貫文を借り（史料一）、同年九月七日に菅浦物庄が熊谷甚次郎から二〇貫文を借りた（史料二）。合わせて六〇貫文となるが、いずれも「家々けふり立[11]」つための借銭であった[12]。

この六〇貫文の借銭の返済に関する交渉内容を示す史料が次の五点である。

【史料三】　中村儀書状[13]（切紙）

（裏端ウワ書）
「（墨引）雨森次郎兵衛殿まいる　御宿所　中村甚左衛門 儀」

返々中嶋殿被レ仰之儀候ハヽ、何様にも御さたニまかせ申、すか浦人ハ無レ曲存候、

如レ仰其後者久不二申承一候、御床敷存候折節、御懇之預二御状一候、委細拝見仕候、仍すか浦料足事、度々承候、まへより如二申候一、本銭と申候へとも、かたく被レ仰候間、五貫文ふん如レ被レ仰可レ仕候、左様候ハヽ、当年来年ニ相残ふん可レ被レ下、借状之儀入物地所預ヶ申候て、兎角申候て不レ出候間、安（案）書を何様に成とも其方之御こ

（候、脱）のみ様ニ書候て可レ進候、恐惶謹言、

卯月十一月（日）　　儀（花押）

史料三は年未詳の四月一一日に、中村甚左衛門尉儀から雨森次郎兵衛へ送られた書状である。雨森次郎兵衛と中嶋貞清（後述）が菅浦からの依頼を受けて、借銭の一部の五貫文を免除してほしいと中村氏に願い出たところ、中村氏は五貫文の免除を認める代わりに、今年と来年の間に残りの借銭を必ず返済してほしいと返答している。これを受けて、雨森氏と中嶋氏が四月一四日にそれぞれ書状を送っている。

【史料四】　雨森次郎兵衛書状(14)

返々、此間ニ参候て御礼可二申入一候、

以前者、すかのうら料足ニ八郎兵衛方被レ申候、申入候処、御心得ゆき候て、於二我等一畏存候、如レ仰当年らい年ニさいはん可レ申候由、八郎被レ申候間、いち儀（へヵ）あるましく候、又すかのうらより只今五貫文被レ参候、彼七（質）を御うけ候へく候、委ハ此間ニ参候て可二申入一候、恐惶謹言、

四月十四日　　清為（花押）

（奥端切封ウワ書）（墨引）
「中村甚左衛門殿　　雨森次郎兵衛
参御宿所　　□」

【史料五】　中嶋貞清書状(15)

尚々、御安所（案書）雨次兵進給候、則菅浦へ被レ遣候事別而本望存候、委曲以二面説一御礼可二申入一候、

度々申入候菅浦貳文子銭之事、五拾五貫分にて御果候、於二我等一畏入存候、最前其方へ借状返可レ被レ遣旨申定候へ共、余所に被二預ヶ置一付而、只今菅浦へ御安所（案書）被レ下候儀、雨森次郎兵衛方より承候、此上彼借状取寄させら

れ次第ニ返被レ遣候者可レ為二本望一候、尚以御料足之儀、当年来年堅申付可レ進レ之候、委細雨次兵より可レ被レ仰候条不レ能二一二一候、恐惶謹言、

卯月十四日　　　　貞清（花押）

中嶋八郎右衛門尉
貞清」

「（奥端切封ウワ書）（墨引）
中村甚左（衛門）尉殿
参 御宿所

中嶋氏の書状（史料五）の方が雨森氏の書状（史料四）よりも詳細だが、(16)五貫文の免除を中村氏に感謝している点と、菅浦に今年と来年の間に残りの分を返済させることを約束している点で共通している。

その後、中村氏は「安（案）書を何様に成とも其方之御このみ様ニ（候、脱）書候て可レ進候」（史料三）と約束した通りに、「案書」(17)を作り、六〇貫文のうち五貫文を免除すると書いて菅浦に送った。

【史料六】　中村儀案書(18)

菅浦借銭之儀付而、中嶋八郎右衛門殿〔貞清〕・雨森次郎兵衛殿〔清為〕為二両人一御あつかい候て、本銭六拾貫文にて候を、五十五貫文分相閑（マヽ）申候、只今本借状を可二相渡一候へ共、他所へ入物預ケ申事候間、如レ此案状を仕候て遣申候、此上者何方より借状出来候共く《とか》申者雖レ有レ之、以後者本くうたる（反故）へく候、但借状之数多候共、此案状之内にて候、此上者相違有間敷候者也、仍而為二後日一案状如レ件、

そして、中嶋氏と雨森氏にもそのことを書状に記して送った。

【史料七】　中村儀書状(19)（切紙）

すか浦借銭ニ付而、中嶋八郎右衛門殿・雨森次郎兵衛殿為二両人一御わひ事候間、借状ニ一まいふん六拾貫文、本銭を五貫文さしをき申候、貮まい借状何方より出候とも、本くう（反古）と可レ存候、残而四十貫文（五十五貫文）当年来年可レ給候、無沙

汰候ハヽ、本へ帰候て可レ被レ下、過分之儀にて候も、御両所へさしをき中候、恐惶謹言、

天文十二年五月十日　　儀（花押）

中嶋八郎右衛門殿
雨森次郎兵衛殿　御両所へまいる

史料三～史料六はすべて年未詳だが、年紀を有する史料七により、天文五年に菅浦が中村甚左衛門尉儀と熊谷甚次郎から借りた六〇貫文の返済交渉が、天文一二年に行われたことが判明する(20)。

次に、赤松氏と阿部氏の解釈を見たい。筆者の解釈はおおむね赤松氏の見解に基づいている。一方、阿部氏はこの借銭返済の過程を以下のように理解している。

すなわち、中村氏は、本銭六〇貫文のうち、まず五貫文を支払えば残りの額の返済は来年まで猶予するという。借状は他所に預けているが返却してくれないので、代わりに「案書」を書くと伝えた（史料三）。これを受けて、菅浦は雨森氏と中嶋氏を仲介者として交渉にあたり、質屋から借状を請け戻す費用という名目で、この五貫文の支払いに応じることで交渉が成立したという（史料四・史料五）。さらに、阿部氏は右の理解を踏まえ、以下の結論を出している。菅浦は交渉の結果、未進していた六〇貫文のうち、残りの五五貫文については来年までに支払えばよいという期限引き延ばしを認められた。この一件を通して、年貢納入に関して菅浦側が主導権を握り、交渉を有利に展開していることがうかがえる。菅浦にとって年貢を未進することは決して経済的困窮を意味するものではなく、むしろ少しでも多くの未進額＝支払い猶予額を獲得することが、年貢減免そのものではないにせよ、それに近い意味を持っていたというのである。

この借銭が「家々けふり立」つためのものであったことは前述したが、そのほかにも筆者から見ると阿部氏の理解には以下の問題点が存在する。一つはこの借銭の返済交渉が中村氏から持ちかけられ、菅浦がそれに応じたとする点

である。しかし、史料三～史料七のそれぞれ最初の文言に注目すると、交渉は菅浦より始められ、雨森氏・中嶋氏に仲介を頼んで、中村氏と交渉を行ったことは明らかである。二つ目は交渉の内容について、中村氏による五貫文の先払い要求を受けて、菅浦は質屋から借状を請け戻す費用という名目でそれを支払ったと理解する点である。実際の交渉の内容は、菅浦が雨森氏・中嶋氏を通じて出した六〇貫文のうち、五貫文の免除という願いをめぐるやりとりなのである。中村氏は五貫文の免除を認めたので、六〇貫文の額面を記入した二通の借状を書き直す必要が出てくる。しかし、中村氏は借状を他所に預けており、取り戻せないので、菅浦の希望通りに、その代わりに「案書」（史料六）を作成し、菅浦に渡したのである。五貫文は中村氏が認めた免除の額であり、菅浦が借状を取り戻す費用ではない(21)。

以上、借銭の契機と返済交渉の過程について、史料に即して、赤松氏と阿部氏の解釈を検証した。事実関係をまとめると、菅浦は天文五年に中村氏と熊谷氏から合わせて六〇貫文を借りたが、七年後の天文一二年に、中嶋氏と雨森氏に仲介を頼んで中村氏と交渉して、元金の六〇貫文のうち五貫文を免除してもらい、残りの五五貫文を当年と来年のうちに返済すると約束した、ということである。

さて、この事例に現れた貸主の中村氏については、赤松氏、阿部氏ともに浅井氏の家臣と考えているが、はたして、中村氏は浅井氏の家臣であろうか。

次に、この事例に現れた人物の身分の検討を行いたい。

二　人物比定

中村甚左衛門尉儀の身分を示す史料は次のものである。

【史料八】　中村儀書状(22)（折紙）

今度者上庄百性（姓）、我等か被官無レ故しやうかい（生害）させ候、就レ其則罷越、子細之段可レ尋覚悟之処、下野守まかせ候へと被レ申候間、則不レ能二其儀一候、然處下野守方へもむさ〳〵としたる返事申候間、則我等罷越、百性衆へ可二相尋一覚悟候処、百性衆一人も不レ被レ入候間、家を放火仕候、于レ今百性緩怠筋を仕候間、重而下野守糺明をくわへへき覚悟之由候、我等も其覚語（悟）候、替二子細一候者可レ得二御扶持一候、殊昨日者御懇之折紙ニめつかり候、御返報可レ申候を、国中へ罷出候間無二其儀一候、恐々謹言、

七月廿二日　中村甚左衛門尉　儀（花押）

菅浦惣中
　御返報

史料八の中村甚左衛門尉儀の花押は史料三・史料七と同一である。この書状によると、中村氏は自分の被官が大浦上庄の百姓に殺害されて、報復しようと思ったところ、「下野守」が自分で処理するといってきたためできなかった。しかし、上庄の百姓の対応が怠慢だったので、中村氏は上庄の家々に放火した。この行為について、「下野守」からきっと糾明されると思われるので、その時は菅浦の協力がほしいという。

「下野守」が中村氏にとって目上の存在であることは史料から読み取れるが、この「下野守」とは誰であろうか。浅井久政の官途名の一つが下野守であり、赤松氏が中村氏を浅井氏家臣と考える根拠もここにあると思われる(23)。この点に関して宮島敬一氏は、中村氏は当時浅井氏の家臣ではなく、熊谷氏の家臣であったとする異論を提出したが(24)、その根拠は詳しく述べられていない。

筆者は宮島氏の意見に賛成するが、理由は以下の三点である。

一点目は、「下野守」の官途名を名乗る人物には、浅井久政のほかに、熊谷氏も存在することである。天文三年（一五三四）八月二〇日に浅井亮政が小谷の宿所に京極高清・高広父子を饗応した際の「天文三年浅井備前守宿所饗応記」[25]には、「小谷饗応座席図」があり、京極高清の隣に着座したのは熊谷下野守であった[26]。

二点目は、浅井氏と熊谷氏がそれぞれ「下野守」の官途名を名乗った時期である。浅井久政が「下野守」を名乗るのは永禄四年（一五六一）からなので、もし中村氏が浅井氏の家臣であるなら、年未詳の史料八は永禄四年以降の史料となる。が、それでは菅浦が借銭した天文五年から三〇年も隔たってしまう。一方、熊谷下野守が姿を現すのは前述のように天文初期で、中村甚左衛門尉儀の活動の所見がある時期と重なる。したがって、年代から考えれば、中村氏は浅井氏の家臣より、熊谷氏の家臣である可能性が高い。

三点目は、返済交渉の相手の問題である。天文五年の借銭は中村氏と熊谷氏からのものなので、返済の際、それぞれの貸主と交渉するのが普通である。しかし、天文一二年に、菅浦は別々にではなく、まとめて中村氏に免除の申し出をしている。黒田基樹氏はこの点からそれらは別々の借銭であると解釈しているが[27]、中村氏と熊谷氏との密接な結び付きを菅浦が認識していたと解する余地がある。すなわち、熊谷甚次郎は菅浦に貸した二〇貫文の徴収をなんらかの形で中村氏に任せたことが推測される（補註）。

じつは、中村氏は天文年間に初めて『菅浦文書』に姿を現すわけではない。文明七（一四七五）～八年の菅浦の日指・諸河の年貢・公事銭請取状の署判者の一人として中村実儀がいる。田中克行氏によると、この時期の菅浦の領主は塩津熊谷氏であったが、中村実儀は塩津熊谷氏の代官であり、塩津中村の住人であるという[28]。中村甚左衛門尉儀と中村実儀との関係を示す史料はないが、同じ一族の可能性は高い。中村氏は塩津熊谷氏と深い関係を持っていたことが推測される。

以上の分析により、史料八に現れた「下野守」は塩津熊谷氏であると考えられ、中村甚左衛門尉儀は浅井氏の家臣ではなく、熊谷氏の家臣である可能性が高い。この推測が妥当であれば、浅井氏と直接の関係がないこの借銭の事例をもって、菅浦に対する浅井氏の支配を論じる赤松氏と阿部氏の研究は妥当性を欠くことになる。

では、この借銭の事例は何を物語っているであろうか。その意味を再検討することにしたい。

三　事例の再検討

まず、菅浦がこの借銭の返済にどう対応しているかに改めて注目したい。菅浦は中村氏に借銭の一部の免除を願い出た際、雨森清為と中嶋貞清に仲介を頼んでいる。阿部氏はこの二人を中村氏の下にいる又代官と推定したが、五貫文の免除に関する中村氏と雨森氏・中嶋氏とのやりとりを見ると、互いに丁寧な文言を用いている（史料三〜史料五）。さらに、中村氏は、五貫文の免除を認めた後も、わざわざ両者に文書（史料七）を送って、五貫文免除のことや、中嶋氏が気にかける二通の借状（史料五）について、何方より出されても、反古にすることなどを述べている。以上から、両者が中村氏と対等な立場に立っていることがわかる。では、両者はどのような身分なのであろうか。

中嶋貞清は、天文九年（一五四〇）に公用銭の徴収に関して、菅浦に書状を出している[29]。天文二二年には、浅井氏の使者として徳政条目を交付したと見られる[30]。一方、雨森氏も、浅井氏の家臣であったことが知られている[31]。よって、両者は浅井氏の家臣であることが明らかとなる。

さらに、天文一二年の時点において、菅浦がすでに浅井氏の支配下に入っていたことは日指・諸河の年貢・公事銭請取状の署判者からうかがえる[32]。浅井氏の家臣に頼めば、中村氏が借銭の一部の免除を認める可能性が高くなると菅浦は考えていたのであろう。ここから、菅浦が政治状況に敏感に反応し、力のある勢力と結び付き、みずからの望む方向に誘導する積極的な姿が浮かび上がる。周知のごとく、菅浦は大浦と長年の境相論を行ったが、訴訟の時も合戦の時も、豊富な人脈がなければ、菅浦は生き抜くことができなかったと考えられる。したがって、これは菅浦が長年積み重ねてきた経験によるものといえるであろう。

さて、天文年間の中村氏らからの借銭とその返済交渉について検討してきたが、「はじめに」でも述べたように、借銭の問題を考える際、徳政令との関係は考慮に入れる必要がある。ちょうど、上記の借銭がなされた二年後の天文七年には浅井氏により徳政令が出され、適用対象が詳細に記載されている(33)。

【史料九】　浅井亮政徳政条目案(34)

徳政條々　　北郡

一借銭借米之事

一借書を賣券ニ相調ル借物可レ有二奇破一、但去年丁酉其下地之年貢藏方へ於レ令二納所一者、不レ可レ行二徳政一、幷詞(祠)堂銭之事

一年季本物返之事付劫米

一諸講幷頼(母脱)子之事

一賣懸買懸之事

一雖レ為二敵之輩一、至レ于二降参一者、可レ為レ如二惣並一、又従二敵方一令二借物一族、兼後々於二返弁一者、音信同前之条、堅可レ有二罪科一事

一雖レ為二預り状一加二利幷(平)一者、可レ行二徳政一事

一絹布者十二月、金物者限二廿四月一へき事
一借状ニ雖レ書二載何様之文言一可レ行二徳政一、萬一不レ出二借書一之輩雖レ有レ之、当徳政已後者可レ為二反古一事

天文七年戊戌九月廿一日　　浅井
亮政

借銭・借米等が対象としてあげられているが、ここで注目したいのは七条目に当る「雖レ為二預り状一加二利抨(平)一者、可レ行二徳政一事」についてである。「預状」であっても利分がついているならば、徳政令の対象となると明言している。本章で取り上げた事例では、史料一・史料二を見れば明らかなように、天文五年に菅浦は「預状」の形式で中村氏と熊谷氏から借銭し、利分があると明確に記載されているので、天文七年の徳政令の適用対象に入るはずである。とすると、菅浦は徳政令をテコとして、この六〇貫文の返済を拒否するという選択肢が生まれる。しかしこの選択肢には、それにより借銭の返済を拒否された貸主から、二度と借銭を受けられないという危険性を含むことも予想されるであろう。

結局、菅浦は、徳政令による債務破棄を選択するのではなく、天文一二年に、人脈を利用して借銭の一部免除を認めてもらったが、できる限り返済しようとする行動を取ったのである[35]。したがって、徳政令の対象となる借銭が、すべてそのまま消滅するのではなく、債務者が利害関係を判断して返済するという行動を取った可能性も十分あるといえよう。

おわりに

本章では、赤松氏と阿部氏の研究で取り上げられた、天文年間に菅浦が中村氏らから借りた借銭の事例について再検討した。特に、返済交渉の過程を検証し、史料に現れた人物の身分などといった基礎的な事項について検証した上で、この借銭が浅井氏からのものではないことを明らかにした。したがって、この事例をもって、菅浦が浅井氏の借銭にどう対応しているか、菅浦と浅井氏との関係がどうであったかなどを論じる先行研究には問題があると考えられる。(36)

さて、「はじめに」でも触れたように、浅井氏の支配下に入ってから、特に、天文一三年（一五四四）に浅井一族である浅井井伴が菅浦の代官となって以降、菅浦の借銭（未進年貢を含む）は増加する。浅井氏からの借銭の問題をどう考えればよいであろうか。

徳政令が未進年貢を対象としたか否かについては、湯浅氏と阿部氏との間で見解が分かれているが、未進年貢は浅井氏の利益に関わるので、徳政令の適用を受けなかったものと思われる。それは天文二二年の浅井氏の徳政令(37)にも、「一年貢未進者、雖㆑經㆓年序㆒、於㆓利平㆒者当一季（季）加㆓五和利㆒可㆓納所㆒事」とあるように、未進年貢は年が経っても、利子を加えて納めるべきというのが浅井氏の姿勢である。(38)

阿部氏が指摘したように、代官は年貢皆済を義務づけられたので、未進分の代納をし、それによって、未進分は代官と村との貸借関係に転化することが想定される。しかし、それが徳政令の対象になるとされる点は疑問である。阿部氏は主張の根拠を上記の天文二二年の徳政令の最後の一箇条にある「一為㆓御城米㆒之由雖㆑載㆓借書㆒、当城之外於㆓

他所庭借シ渡米銭者、可レ有二弁破一事」に求めるが、その解釈には問題があると考えられる(39)。

また、仮にそれが徳政令の適用範囲に入るとしても、菅浦は徳政令を手段として、未進年貢の債務破棄という行動を取ったであろうか。本章で取り上げた借銭の事例では、近隣の土豪（中村氏・熊谷氏）からの借銭が徳政令の適用対象に入っていても、菅浦は返済に努めていた。代官井伴が立て替えた未進年貢について、菅浦が徳政令をテコに拒否する行動を取れば、井伴は未進年貢の代納を停止したであろう。

以上のように、浅井氏からの借銭は、阿部氏が強調するような村の自律性を物語るものではなく、大名権力の支配との関係を問題にする必要があると思われる。もちろん、この問題についてはさらに史料に基づいて論じるべきである。今後の課題として検討していきたい。

註

(1)『菅浦文書』上・下（滋賀大学日本経済文化研究所史料館編纂、有斐閣、一九六〇・六七年）。以下、引用史料の番号はこの刊本に従う。文書名も原則としてこれに従うが、内容に即し変更したものもある。

(2) 菅浦が浅井氏の支配下に入った時期については、大永七年（一五二七）頃とする赤松俊秀氏（「戦国時代の菅浦―供御人と惣続論―」〈『古代中世社会経済史研究』平楽寺書店、一九七二年、初出一九五九年〉五五七～五七四頁）の説と、天文五年（一五三六）前後とする宮島敬一氏（『浅井氏三代』吉川弘文館、二〇〇八年、四二頁）の説があるが、菅浦の日指・諸河の年貢・公事銭請取状を検討すると、天文九年から浅井氏の支配が確認できる。この点についての詳細は、本書の第二部第一章で論じている。

(3) 菅浦の借銭・借米については、湯浅治久氏によって表にまとめられているので、参照されたい（「戦国期の『徳政』と在地社会―主に村落との関連で―」〈『中世後期の地域と在地領主』吉川弘文館、二〇〇二年、初出一九八九年〉三四九～三五〇頁）。

(4) 前掲註(2)赤松論文。

(5) 湯浅氏によると、浅井氏の支配下に入ってから、貸主は近隣の領主・竹生嶋代官花王坊・村内寺庵の阿弥陀寺・善応寺などから次第に浅井氏の代官浅井井伴に絞られてゆき、浅井氏が唯一の貸主として菅浦に臨むことで、村内部で寺庵が有していた融通機能は事実上無力化した。これは、浅井氏の介入で菅浦の村共同体の持つ機能が変質をきたしていることを意味するという（前掲註(3)湯浅論文、三五一頁）。

(6) 阿部浩一「戦国時代の菅浦と代官支配」（『戦国期の徳政と地域社会』吉川弘文館、二〇〇一年、初出一九九五年）。

(7) 両氏のほかに、田中克行氏は「案書」の機能という観点からこの事例を取り上げたが、詳しい議論は展開されていない（「惣と在家・乙名―近江国菅浦惣庄の形成―」〈『中世の惣村と文書』山川出版社、一九九八年、初出一九九五年〉一三八頁）。

(8) 『菅浦文書』八八一号。

(9) 『菅浦文書』八八二号。

(10) これは、菅浦が東と西に分かれていることを示す初見文書である。原田敏丸氏は、天文四年以降現れた「中老」に注目し、それが「老衆」、「宿老」、「乙名」と区別され、東西両区域からの代表としての性格を持つことを指摘した。そこから、漸次年齢的秩序に対し、地縁的秩序が台頭しつつある傾向が読み取れるという（「村落自治の伝統とその変質―近江国浅井郡菅浦村について―」〈『近世村落の経済と社会』山川出版社、一九八三年、初出一九六〇年〉三四～三六頁）。

(11) 黒田基樹氏によると、この文言は暮らしを立てることを意味する（「菅浦村の貸借関係」〈『戦国期の債務と徳政』校倉書房、二〇〇九年、初出二〇〇四年〉九二頁）。

(12) 赤松氏と阿部氏の研究は借銭の契機を示す史料をこの二点とする点で共通している。ただ、阿部氏はこれを未進年貢の借銭と考えているが、天文五年に年貢・公事銭請取状（一一七八号）があり、また、前掲註(11)に記したように、借銭の原因である「家々けふり立」つとは、暮らしを立てることを意味することから、未進年貢との関わりは薄いと考えられる。

(13) 『菅浦文書』九〇〇号。

(14) 『菅浦文書』九八九号。

(15) 『菅浦文書』九八三号。

(16) 史料五からは、中村氏が菅浦に返すべき借状を他所に預けたので、その代わりに「案書」を作り菅浦に送ったことに対し、中嶋氏は借状が取り戻されたら菅浦に返してほしいと伝えていることや、史料三と合わせると借銭の総額が六〇貫文であることがうかがえる。

（17）「案書」とは、反古になった借状によって旧債務者が損害を被るのを未然に防ぐために、旧債権者が旧債務者に発給する文書である。前掲註（7）田中論文を参照されたい。

（18）『菅浦文書』九九七号。

（19）『菅浦文書』八九九号。

（20）黒田氏は前掲註（11）論文において、天文一二年の借銭返済が天文五年の借銭の延長ではなく、別の借銭であると論じている。しかし、「本銭六拾貫文」（史料六）、「貳文子銭之事」（史料五）、「借状一まいふん」（史料七）などの文言を見れば、天文五年の借銭と関連していると考えられる。黒田氏は、天文一二年の返済交渉を見ると菅浦が中村氏に六〇貫文の債務を負っているが、天文五年には中村氏から四〇貫文しか借りていなかったので、熊谷氏からの借用分を合わせる理解は間違っていると指摘する。しかし、後述するように、中村氏は熊谷下野守の家臣なので、天文一二年の時に、中村氏は熊谷一族の甚次郎の分も含めて、菅浦と交渉していると考えられる。

（21）阿部氏はなぜ、五貫文が借状を取り戻すための費用だと考えるかというと、史料四にある「又すかのうらより只今五貫文被ㇾ参候、彼七《質》を御うけ候へく候」との記述が関係すると思われる。この文言は、確かに菅浦が中村氏のところに預けた質を取り戻すために、雨森氏を通じて五貫文を支払ったという内容である。しかし、「又」という文言から見れば、この「五貫文」の支払いは、菅浦が免除を求めている五貫文とは別の事を指すと考えられる。

（22）『菅浦文書』九〇一号。

（23）前掲註（2）赤松論文五六二頁。そのほかに、小和田哲男氏も同じ意見である（「領国下村落の二つの形態」〈『近江浅井氏の研究』清文堂出版、二〇〇五年、初出一九七三年〉二九九頁）。なお、小和田氏は史料八を次のように解釈する。菅浦出身の者が中村氏の被官となったために、被官化拒否という菅浦惣の決定違反に問われ、菅浦惣民に殺された。その糾明のため中村氏が菅浦におもむいて尋問しようとしたが、菅浦惣民は相手にしなかったため、菅浦の惣民の家に放火した、というものである。

（24）前掲註（2）宮島著書四一～四二頁。

（25）『続群書類従』二三輯下（続群書類従完成会）に収録。

（26）黒田惟信氏は、この熊谷下野守の実名を直房と推定した（黒田惟信編『東浅井郡志　第二巻』滋賀県東浅井郡教育会、一九二七年、一一三頁)。

(27) 前掲註(11)黒田論文一〇四頁。

(28) 田中克行「室町期の請取状にみる領主関係」(前掲註(7)田中著書)一七七～一七九頁。

(29) 『菅浦文書』四一九号。

(30) 『菅浦文書』二六二号。

(31) 京極高広と浅井久政が戦ったとき、浅井方の部将として出陣した雨森弥兵衛が陣没していることや、浅井長政の麾下で雨森次右衛門尉が活躍し、元亀元年(一五七〇)の姉川合戦で討ち死にしたことなどが記録に残っている(『嶋記録』、「松江雨森文書」)。これらのことから、雨森氏が浅井氏の家臣の中で相応の地位にあったことがうかがわれる。

(32) 天文一二年の請取状は現存していないが、天文九年一二月一三日付の請取状(八八六号・一〇六一号)に浅井氏の家臣と確認できる中嶋弥八が署判している。

(33) 浅井氏の徳政令の先行研究については、阿部氏が前掲註(6)論文註(23)でまとめられている。

(34) 『菅浦文書』二六三号。

(35) 借状(史料一・史料二)が『菅浦文書』に伝来することや、借状の差出人名のところに墨の×消しがあることなどを考えれば、菅浦は残りの五五貫文を中村氏に返済し、二通の借状を取り戻したと思われる。

(36) 赤松氏は、一九五〇・六〇年代の研究における社会構成史的認識の枠組みを共有し、戦国期における村落と戦国大名との関係を検討する際に、戦国大名の専制性を強調しすぎる傾向が見られる。一方、阿部氏の研究は、一九八〇年代以降盛んとなった、中近世移行期村落論の一環として、領主権力を相対化し、中世村落の自治・自力救済機能を高く評価する特徴が見られる。この事例の解釈はそれぞれの立場に引きつけた形のものになっている側面があると思われる。

(37) 前掲註(30)文書。

(38) 利子のつけ方については難解である。阿部氏の解釈は前掲註(6)論文二一四～二一五頁を参照されたいが、検討の余地があると考える。

(39) この条文について、阿部氏は「御城米」を現物納ないしは銭納で小谷城に納められる年貢のことと指摘した上で、「他所庭」での「御城米」の貸借とは代官が未進年貢を村に債務として貸しつける形態を取ったものと解する。したがって、それは浅井氏が直接に関与せず代官が私的に行った貸借関係であり、破棄しても浅井氏にとって不利益を生ずるわけではないという（前掲註(6)阿部論文二一六〜二一七頁）。しかし、「御城米」は兵糧米など予備米と思われ、それを年貢と同一視することはできないであろう。そして、この一箇条はあくまでも「御城米」の運用についての規定であり、その対象も浅井氏の家臣に限られる。したがって、この一箇条が未進年貢と関連するとは考えられず、これによって、未進年貢は代官と村との私的貸借関係に転換され、徳政令の適用を受けるとの結論を導き出すのは無理である。

（補註）似鳥雄一氏は、天文一二年の借銭は天文五年とは異なるものと黒田基樹氏と同じ見解を示している。主な根拠として取り上げたのは史料五にある「弐文子銭」という表記である（「戦国期物村の生産・商業・財政─菅浦と浅井氏・竹生島の関係をめぐって─」〈『日本史研究』六三二号、二〇一五年〉一六〜一七頁）。二文子で利子を計算すると、史料一の借銭四〇貫文が一年（一二か月）で九貫六〇〇文の利子がつき、史料二の借銭二〇貫文が四貫八〇〇文の利子がつくことになる。そうすると、史料一と史料二に掲載されている利子の額と合致しなくなる。本章の初出（二〇一〇年）の時点で、「本銭六拾貫文」（史料六）、「借状二まいふん」（史料七）という文言の記載に注目するあまり、「弐文子銭」（史料五）のことを深く考えていなかった。この問題について、大河内勇介氏は、中世の祠堂銭が利率を二文子とし、かつ、一年を一〇か月と計算して利子をつける方法があるという宝月圭吾氏・井原今朝男氏の指摘に従って、史料一と史料二についても、二文子という利率で年利一〇か月計算法を用いて計算すれば八貫文・四貫文、すなわち両史料の表記の額と合致することを論証している（「戦国期菅浦における利子計算法」〈『研究紀要』四九号、滋賀大学経済学部附属史料館、二〇一六年〉四三〜四五頁）。大河内氏の指摘に従いたい。

第三章　戦国大名浅井氏の菅浦支配

はじめに

近江国浅井郡菅浦については、中世惣村の典型として数多くの研究がなされてきた(1)。中世的な「自治」の伝統を持つ菅浦は、戦国期に入り、この地域に勢力を伸ばしてきた戦国大名浅井氏の支配下に入ることになる。浅井氏の支配下で、菅浦の惣結合がどう変わったのかという点が戦国期菅浦の研究において、もっとも重要な論点として関心を集めてきた。

一九五〇年代末に赤松俊秀氏は次のように論じた。浅井氏は菅浦から大量の舟を徴用することによって、戦乱ですでに悪化していた菅浦惣の財政を破局に導き、年貢未進が常態のようになった。浅井氏は未進年貢を猶予することによって、菅浦惣の死命を制することができ、菅浦は浅井氏への隷属の度を深めた。浅井氏の支配は経済だけではなく、惣の「自検断」にも及び、浅井氏の介入によって惣の自治が否定されることになった、という(2)。その後、赤松氏の「自治」崩壊論が長く通説となり(3)、氏が問題提起した三つの側面＝役負担・借銭問題・自検断が議論の中心となる。

一九八〇年代に入ると、勝俣鎮夫氏と藤田達生氏が、赤松氏の自検断に関する議論に対して異論を提出した(4)。両氏は、赤松氏が主張の根拠の一つとした、永禄一一年（一五六八）一二月一四日付で菅浦が作成した壁書を再検討し、この壁書は菅浦が惣の自治を確認したものであり、自検断の崩壊の根拠とはならないという(5)。特に、勝俣氏は、この史料を通じて、現実には強固な村の自検断の慣行の壁の前に、領主・大名などの裁判権は限定的にしか機能しなかったと惣村の自検断の優位を強調した。

一九九〇年代に入ると、阿部浩一氏が菅浦の借銭問題を取り上げた(6)。氏は、浅井氏の支配下で増加する未進年貢は、赤松氏が指摘したような、菅浦の経済破綻を意味するのではないと論じた。というのは、代官の浅井井伴が菅浦の未進年貢を貸借として処理した場合、それは井伴と菅浦が私的に結んだ貸借関係と見なされ、徳政令による債務破棄の対象となったからである。未進年貢の存在は、菅浦が未進行為を一つの手段として年貢納入に対する主導権を握っていたことを示している、と菅浦の主体性・自立性を強調した。

このように、浅井氏と菅浦との関係については、赤松氏の「自治」崩壊論に対し、一九八〇年代以降は惣の自立性を強調する議論が有力となっている。

確かに、赤松説には、大名浅井氏の専制性を強調しすぎる一面があり、そのために、支配の正当性や被支配側＝菅浦の同意といった問題の解明が不十分だといわねばならない。しかし一方で、一九八〇年代以降の研究は、村や百姓・民衆の視座（いわゆる移行期村落論）に基づいて、村落の主体性・自立性を強調するあまり、領主権力の存在意義を過小評価する一面を持つといえる。借銭の問題に即していえば、菅浦の未進年貢を代官の浅井井伴が代納した場合、その代納分が徳政令の適用範囲に入るという阿部説は成り立たない(7)。したがって、阿部氏が結論づけたように、借銭の問題から菅浦の主体性・自立性が読み取れるかは疑問である。

以上のように、戦国大名浅井氏と菅浦との関係についての先行研究には、それぞれの視点の強調があり、関係の全体像が明らかにされているとはいえない。そこで筆者は、赤松氏が問題提起した三つの側面＝役負担・借銭問題・自検断を改めて検討することにより、浅井氏と菅浦との関係像を総体的にとらえなおしたい。その際重視したいのは、浅井氏と菅浦のどちらかに傾くのではなく、それぞれが取った行動、相手との対応を明らかにし、それらの対応が何を意味するのかを考察することである。

浅井氏の菅浦支配は、日指・諸河の年貢・公事銭の請取状によると天文九年（一五四〇）頃には始まっており、天文一三年に一族の浅井井伴が代官に任命された後に安定するので、代官井伴の支配期を中心に検討する。(8)補註(1)

一　役負担

大名の村落支配を検討する際に、まず注目すべき点は役賦課と考えられる。赤松俊秀氏は浅井氏の舟徴用に注目し、それが菅浦にとって大きな負担となったと強調した。確かに、舟役はそれまでの菅浦領主の賦課に見られなかった、浅井氏による新たな役賦課といえるが、それは浅井氏の役賦課の一部であり、その全体については検討の余地がある。他方、浅井氏の賦課は、それ以前の菅浦領主の賦課との関係からもとらえるべきである。すなわち、浅井氏以前に、菅浦は荘園領主日野家や湖北の土豪・国人領主たちの支配を受けていたので、(9)それらの領主の役賦課と比べることで、浅井氏の役賦課の歴史的な位置がより明らかとなる。以上を念頭に置きながら検討に入りたい。

1　日指・諸河の年貢・公事銭

中世を通じ、菅浦は複数の領主に年貢を納入しているが、その中で日指・諸河の田地・畠にそれぞれ賦課された年貢・公事銭は、数量的に圧倒的なものであるため、その徴収者が代表的な領主だといえる。その徴収実態は残された多数の年貢・公事銭の請取状からうかがえるが、田中克行氏が指摘したように、応永一九年（一四一二）以降、請取状が大きな断絶なしに残存しており、年貢（二〇石）・公事銭（春成銭一〇貫文・秋成銭一〇貫文）の納入が基本で、ともに請切額になっていることがわかる。また、当時の領主梶井宮の代官が応永一七年を最後に史料から姿を消し、以後の代官は史料上ではもっぱら請取状の署判者として現れ、たんなる年貢受け取りの代官に過ぎなくなった(10)。

このように、菅浦は地下請を獲得し、独自の帳簿を作成して代官に定額年貢を引き渡すまでの一切の責任を負うようになった(11)。これと同時に、代官は惣から年貢・公事銭を受け取ると、惣に請取状を発給し、受け取った年貢・公事銭を領主に送る任務を担うのみの存在となる(12)。

では、天文年間に浅井氏の支配下に入ってから、年貢・公事銭の徴収額と徴収方法に変化が起きたのであろうか。上記の請取状は天文年間から元亀四年（一五七三）（浅井氏滅亡の年）まで毎年とはいえないものの、継続していたことが確認できる。それを見ると、年貢・公事銭はそれまで通りの額（二〇石・二〇貫文）で維持されており(13)、請取状の署判者は天文一三年（一五四四）以降、一貫して代官の浅井井伴である。

徴収額は浅井氏の支配以前と同じであり、徴収方法についても、請取状や惣により独自に作成された帳簿を見れば、菅浦が責任を持って年貢を徴収し代官に引き渡す、いわゆる地下請が認められていたと考えられる。しかし、代官の性質の大きな変化を見逃してはならない。この点について次に述べたい。

2　舟の徴用

琵琶湖畔にある菅浦が舟を持ち、舟運能力を有していたのは周知のことである。赤松氏が整理した南北朝期からの舟運の関連史料によると、菅浦が多数の舟を持っており、供御年貢の運搬や、相論の際などに舟を使っていたことがうかがえるが(14)、それ以外の用途に利用された史料は見当たらない。しかし、浅井氏の支配下に入ると、状況が一変する。

まず、浅井氏当主の動きを見たい。この点については赤松氏の研究に言及があるため、ここでは簡単に触れておきたい。

天文一〇年に浅井亮政（備前守）は「天文十年六月従北郡錯乱[15]」のため、菅浦に二人の奉行（八木与一左衛門・浅見新右衛門）を派遣し、それぞれ「かよい舟」（六月二八日〜七月二一日）と「あしかる舟」（六月七日〜七月二一日）の運行を担当させている。「かよい舟」と「あしかる舟」（五六艘）を出すだけではなく、一か月あまりの役を務めることは菅浦にとって重い負担となり、「餘ニ在所かう〳〵のしつつい《失墜》ゆき候て迷惑候」と苦労を記している[16]。

菅浦の困窮にもかかわらず、その翌年の正月七日より、浅井新三郎[17]から再び重い舟役が賦課された。正月二一日まで断続的に二一艘の舟が徴用されており、そのほかに二〇〇本の城用木も賦課された[18]。この文書には「舟おそく《遅》候由申、かう〳〵の催促付申」とあるように、菅浦はこの徴用を怠ったため、新三郎から強く催促された。結局、新三郎は菅浦の怠慢について処罰を行おうとしたが、奉行の斡旋により何とか落着した。菅浦は今後浅井氏からの御用はもちろん、奉行からの御用も忠実に務めることを誓い、新三郎の奉行に誓約状を出して落着したのである[19]。

このように、戦時などの際には、浅井氏から大量の舟が徴用されるようになった。菅浦はこの新たな賦課に苦しむが、結局、務めざるをえなかった[20]。

次に、これまでの研究では注目されていない、代官浅井井伴による舟徴用を検討したい。

【史料二】　浅井井伴書状[21]（折紙）

京立之儀被㆓申付㆒、一左右次第ニ可㆓相立㆒候、其方船大小ニよらす、一艘も余所へ被㆑遣ましく候、為㆑其申候、
相背余所へ於㆑被㆑遣者、可㆑為㆓曲事㆒候、為㆑其如㆑此候、恐々謹言、

九月廿七日　　　　木工助
　　　　　　　　　　井伴（花押）

菅浦
　惣中

これは年未詳の九月二七日に浅井井伴が菅浦惣中に出した書状である。井伴が京都へ発つことを命じられたので、準備できたらすぐに出発する。そのために、菅浦のすべての舟に対し、待機が命じられている。「相背余所へ於〻被〻遣者、可〻為二曲事一候」とあるように、井伴は菅浦からの舟の徴用について独占的な権限を持っていると見られる。(22)

では、井伴が持つ舟の徴用権は何を意味するのであろうか。それは、浅井氏の下で、代官の性質が大きく変わったことである。つまり、前述したように、浅井氏は菅浦の地下請を認め、それまでの年貢徴収方法を継承したため、一見、請取状に署判する代官井伴もそれまでの代官と同じく、年貢の受け取り・輸送を担うだけの存仕のように見えるが、舟の徴用権の行使は、井伴が実質的に菅浦の支配を展開していたことを示す。その支配の実態は後述する借銭と自検断の問題の検討を通じていっそう明らかとなってくる。

3　棟別役

『菅浦文書』には「就二棟別一条々」(23)で始まる、年代未詳の棟別銭徴収に関する法令が残されている。この法令の発令者と内容に関する先行研究は、①浅井氏による徴収の際の法令、②領主の徴収に際しての菅浦の掟書、③菅浦みずからの徴収に際しての掟書、と三つの見解に分かれている。(24)田中克行氏は以上の意見を整理して、文書の形式と内容を検討し、浅井氏が領国内に出した棟別銭免除の事例を加えて分析した結果、①の意見を支持した。(25)

法令は一六条からなるが、家（「本家」「かせや」「つのや」「むなはしらや」など）ごとの賦課基準や、賦課免除の対象、そして棟別銭の徴収のために奉行が下向する際には下人一人に限って同行させること、さらに、奉行の下向時の滞在・接待費などについても規定されており、浅井氏の徴収とするのが妥当と思われる。

浅井氏の前に、菅浦における棟別銭の徴収状況がうかがえる史料が残されていないため、比較はできないが、詳細に法令を規定することからは、浅井氏が北近江に着実に支配を展開していることがうかがえよう。

以上、浅井氏の支配下での役賦課を検討してきた。日指・諸河の年貢・公事銭の賦課に見られるように、浅井氏の役賦課にはそれまでの額や方式を継承したものもある。しかし一方、舟役の賦課から見たように、代官の性質に大きな変化が現れ、それまでの、ただ年貢・公事銭を受け取る存在から、実質的な支配権を有する存在に変わった。代官浅井井伴の支配の究明は、浅井氏の菅浦支配を考える鍵となるといえる。それを以下で検討したい。

二　借銭問題

浅井氏の支配下で、菅浦は年貢・公事銭を未進する年が多く、代官浅井井伴からの借銭も目立つようになる[26]。未進や借銭の問題は、浅井氏と菅浦との関係を考える上で重要な課題だが、先行研究は意見が分かれている。「はじめに」で述べたように、赤松俊秀氏は、それらが菅浦の経済的困窮を意味するとしたのに対し、阿部浩一氏は、菅浦は未進行為を一つの手段として年貢納入に対する主導権を握っており、経済破綻を意味するのではないとした。

確かに、未進年貢がどう処理されていたのかを検討しない限り、その存在だけでは、経済破綻やそれにより浅井氏支配が深化したという赤松説の根拠は不十分である。その点で、阿部氏は重要な問題提起をしたといえる。しかし、本書の第二部第二章で分析したように、未進年貢は年が経っても、利子を加えて納めるべきという浅井氏の姿勢は天文二二年（一五五三）の浅井氏の徳政令からうかがえる(27)。また、阿部氏は代官による未進分の代納が徳政令の対象になるとする根拠を、上記の天文二二年の徳政令の最後の一カ条にある「一為二御城米一之由雖レ載二借書一、当城之外於二他所庭一借シ渡米銭者、可レ有二棄破一事」に求めるが、その解釈には問題がある(28)。したがって、未進年貢を通じて菅浦の主体性を強調する氏の議論も問題である。筆者は代官井伴と菅浦双方の行動を視野に入れて検討していきたい。

まず、井伴の行動に注目したい。菅浦が年貢・公事銭を未進した場合、井伴がそれを代納することがある。すると、その未進分は菅浦と井伴との貸借関係になるはずである。これは、『菅浦文書』に井伴宛の借銭状　借米状が多数存在していることから裏づけられる。ただし、注意すべきなのは、井伴は無条件で代納したわけではないことである。「来秋利并加へ」（借米状）(29)、「何時成共、三文子にて」（借銭状）(30)などとあるように、井伴は菅浦に対して、利子をつけて銭を融通している。

そして、菅浦の未進に対して、井伴は未進を催促する行動も取る。年未詳の七月五日付で井伴は菅浦に未進の春成銭を催促する書状を出した。「春成銭米上八斗」を受け取ったが、残りの春成銭は「急度時分柄」のため、納めてほしい。もし菅浦が怠ったら、曲事であるという(31)。「急度時分柄」とあるように、井伴は何らかの理由で米・銭の確保が必要な場合、代納した未進分を厳しく催促する行動を取ったのである。こうした未進分の徴収・催促にあたっては、井伴の下にいる又代官（又右衛門重慶）がその役割を果たしている(32)。

次に、井伴が代納した未進分に対する菅浦の動きを見よう。

前述した通り、菅浦は未進分について、井伴に借銭状・借米状を提出していたことがわかる。そのほかに、借銭日記・借銭覚書などが大量に残されている。これらの記録は今までの研究ではあまり重視されていないが、菅浦が借銭の状況を把握するために作成したものなので、借銭返済に対する菅浦の対応を分析するには、格好の史料といえる。筆者はそれらの文書に基づいて、井伴からの借銭に関する記録を表9にまとめた。すると、年貢・公事銭の請取状が見られない年は、ほとんど借銭の記録が残されているという特徴が見られる。(33) 永禄一〇年（一五六七）を例に説明しよう。

永禄一〇年には、年貢請取状が見られないが、同年の一二月一一日に、菅浦は二三貫五〇〇文を借りたという借銭状（案文）(34)を出した。宛先を欠くため、貸主はうかがえないが、その実体は次の借銭覚書から判明する。

【史料二】　菅浦借銭覚書(35)

　永禄十年正月四文子
十三貫文　　同又三貫文
永禄十年三月　　木工助殿〔浅井井伴〕
（中略）
春成未進八百七十一文、弁分九百卅七文
永九秋成分八百九十文
　在綿廿一把五十八文め
永十七月有廿三貫文か、
同借銭廿三貫三百六十七文
永禄十年十二月十一日ニ
廿三貫五百文木工助殿ヲ惣借仕候、則借状八人の加判ヲスヱ遣レ之候、此外一文一切也、

表9　浅井井伴からの借銭の記録

年　月　日	米　・　銭	出　　典	備　　考
天文24(1555). 1	5貫文	借銭日記（908号）	
永禄4(1561)	7貫622文（春成）	借銭覚書（209号）	
永禄5(1562)	8貫165文（春成） 8貫89文（秋成）	借銭覚書（209号）	
永禄6(1563). 3. 8	5貫文（米の銭）	算用日記（373号）	
永禄7(1564)	7貫780文（春成） 8貫267文（秋成）	借銭覚書（209号）	
永禄7(1564). 1	8貫100文（米の銭）	算用日記（373号）	4文子（利子）
永禄7(1564). 4. 1	1貫文	算用日記（373号）	4文子（利子）
永禄9(1566)	890文（秋成）	借銭覚書（210号）	
永禄10(1567). 3	16貫文	借銭覚書（210号）	4文子（利子）
永禄10(1567). 4. 14	2石米	借米状（920号）	5把利（利子）
永禄10(1567). 12. 11	23貫500文	借銭覚書（210号） 借銭状案（922号）	
永禄11(1568). 3. 20	1貫500文（山畠銭）	借銭日記（176号）	その内の550文返済
永禄11(1568). 12. 20	27貫文	借銭状（254号）	
永禄11(1568). 12. 20	5俵米	借米状（926号）	
永禄12(1569). 12. 28	3石7斗5升米	借米状（928号）	利子を加える
永禄12(1569). 12. 28	28貫500文	借銭状（929号）	3文子（利子）
永禄12(1569). 12迄	37貫335文	借銭覚書（209号）	
永禄13(1570)	28貫500文 （去年の借銭） 1俵米 （去年の山畠銭の未進） 7俵2斗5升米 （去々年の借銭）	借銭覚日記（930号）	
元亀1(1570)	5貫700文（秋成）	借米覚書（933号）	「木のミの米」で元亀2年に返済
元亀1(1570). 12. 29	23貫400文	借米覚書（933号）	3文子（利子）

		料足借用状（160号）	
元亀2（1571）．12.6	3石米	借米状（243号） 惣中勘定帳（939号）	3俵4斗2升の利子
元亀3（1572）	45石3斗9升 65石3斗9升	借米覚書（201号） 借米覚書（942号）	額が異なるが（942号は「大浦の斗」によるという），同じ借銭を指す可能性が高い．

出典は『菅浦文書』（上・下，滋賀大学日本経済文化研究所史料館編纂）による．文書名番号はこの刊本に従う．

史料二は菅浦が永禄九・一〇年の間の借銭を記録した覚書である。傍線部に注目すると、「借状」は前記の借銭状（註（34））を指しており、その借銭状の宛先が浅井井伴であることが明らかとなる。さらに、この二三貫五〇〇文の未進額は永禄一〇年一年分だけの額ではなく、前年から累積した未進や利子を含めた額であることが、永禄九年の未進の秋成銭が記載されていることから知られる(36)。

同様の事例は多数存在する。たとえば、永禄一二年一二月二八日付の借銭状(37)に二八貫五〇〇文と記録されるが、翌年の「惣中借銭覚日記(38)」には「廿八貫五百文井借状在　木工助殿」と、借銭の額と貸主が記されている。また、元亀二年（一五七一）一二月六日に三石の借米状(39)が井伴に出されてから、他の「菅浦惣中勘定帳(40)」に「元亀二年極月六日三俵四斗二升ニ利して、三石の借状木工助殿へ遣候、後日之覚也」と記されているのも同様である。

このように、菅浦は井伴が代納した未進分に対して、借米状・借銭状を出すだけではなく、借銭日記や借銭覚書に詳細に記録していることがわかる。さらに、史料二の冒頭に「永禄十年正月四文子」とあるように、菅浦は利子をつけて井伴に返済することを覚書に記載している(41)。借銭状・借米状は債権者井伴に出す文書なので、要求通りに利子を明記する必要があったのだろう。そしてそれを日記・覚書にも記載するのは、菅浦が井伴の要求を受け入れていることを意味していると考えられる。

以上の行動を通じて、菅浦が井伴への借銭を着実に返済しようとする姿勢が浮き彫りになる。(42)では、菅浦は何をもって借銭返済にあてようとしていたのだろうか。

一言でいえば、もっとも大きな役割を果たしていたのは商品作物の生産である。まずは、麦と綿があげられる。永禄六年八月九日付の浅井井伴麦請取状(43)には、受け取った一石六斗の麦を六〇〇文に算用し、春成銭未進三〇〇文と来る秋成銭にあてるとある。(44)そして、元亀二年一一月二九日付の浅井井伴米請取状(45)には、受け取った米一一石二斗二升三合のうち、一石八斗は綿三〇〇目分とある。(46)受け取った額は（未進の）春成銭を引くほかに、秋成銭の算用にも用いるという。

そして、麦や綿以上に重要な役割を果たしていたのは、戦国期に入り栽培が著しく増加した油実である。(47)菅浦が油実の売買を通じて大量の米を買い取った史料が多く残されている。興味深いのはその相手が浅井氏の場合が多いことである。まず、浅井長政との売買交渉を取り上げよう。

浅井長政と菅浦との油実売買の交渉に臨んだのは、長政の家臣と見られる角田藤三郎親という人物である。年未詳の一二月八日付で角田は菅浦百姓中に書状を出し、長政の命令を受けて、米で油実二〇石を買い取ることを伝えている。菅浦は油実二〇石を海津に運搬せねばならず、期限に遅れた場合、弁明は受け入れず（「御理(断)候共不レ可レ存候」）、浅井氏から譴責される。さらに、油実を買い取るための米は片岡で渡すため、菅浦は片岡で受け取るように命じられる。(48)

浅井氏は需要の多い油実に役賦課の方針は取らなかった。これは、過重な賦課を避け、菅浦の油実生産を保護するためと考えられる。

ただし、油実の売買は対等な立場で行われたわけではない。前述のように、菅浦にとっては油実を海津まで運ぶことや、代金＝米を片岡で受け取る負担がある。そしてもっとも見逃してはならないのは、浅井氏が相場より安い値段で油実を買い取ることである。

長政に油実を上納した菅浦の覚書(49)には永禄一二・一三年の油実と米の相場が記載されている。永禄一二年に相場は油実一升に米一升二合であるため、長政が菅浦から二五石の油実を買い取るには、三〇石の米を支払うべきである。しかし、結局二〇石しか支払われなかった。そして、翌年の相場は一対一なので、油実五〇石に対して、米五〇石を支払うべきであったが、三五石しか支払われなかった。このように、長政が相場より低価格で菅浦から大量の油実を買い取ったことは明らかである。菅浦は年間二〇石の年貢米（半分免除される場合が多い）を負担しているので、油実売買で支払われなかった一〇石・一五石の米は菅浦にとって大きな損害だといえよう。

浅井氏当主のほかに、井伴も菅浦の油実売買に介入した(50)。そこでは、井伴は菅浦と遠藤氏の油実売買の仲介役を務めており、その狙いは、他所へ売るより安い値段で遠藤に売らせるところにある。もし菅浦が井伴の命に背いて遠藤に市場の価格で売ったら、井伴は「曲事」として菅浦を処罰すると警告している。ここから、井伴はただの仲介者ではなく、菅浦の代官として命令を出したことがうかがえる(51)。

このように、浅井氏との間で行われた油実売買が対等に行われていないことが明らかとなるが、一方、菅浦にとっては、油実の売買を通じて、米を大量に獲得でき、年貢の上納や未進分の返済が可能となったと思われる。

以上、浅井氏と菅浦との借銭の問題を検討してきたが、要点は以下の通りである。

一、浅井氏の支配下での菅浦による未進年貢の増加は負担の増加と密接に関わると思われる。ただし、それは浅井氏による年貢・公事銭の賦課が増えたことを意味するわけではない。それは、舟役負担に見られたように、浅井氏による領国支配の展開に伴う、戦争などの際に賦課された役負担の増加を意味していた。

二、菅浦の未進分に対する代官井伴の行動＝利子付の代納と催促を見ると、そこには合理性が見られる。つまり、菅浦が貢納に困っていた時に、強制的に納めさせても、菅浦の生産活動を破壊するおそれがある。そこで代納により菅浦に返済の猶予が与えられる。また、井伴が代納を続けたのは、菅浦がそれを返済する姿勢を取ったからと考えられ、その姿は借銭日記の記録などからうかがえる。そして、その返済を可能にしたのは、油実など商品作物の生産であった。したがって、返済に対する双方の対応を見ると、借銭問題は、大名の専制性を強調する赤松説や、菅浦の主体性を強調する阿部説では、説明しきれないと思われる。

三、借銭問題を通じて、井伴がそれまでの代官と異なり、ただの年貢受け取り・運送者ではなく、菅浦を実質的に支配していたことがいっそう明確となる。

三　自検断

惣村が構成員に対し裁判・処罰を行う自検断は、惣村の自治機能を測る重要な指標となる(52)。『菅浦文書』には文明一五年（一四八三）八月一〇日付の「地下置文」(53)が残されており、死罪を犯した、あるいは村から追放された村民の財産を子供に継承させる規定や、罪を犯して他所へ逃亡した住持の寺領・仏物などについての詳しい規定がある。ここから、菅浦が村の構成員に対して自検断を行っていたことは明らかである。

前述したように、先行研究は戦国期に自検断が崩壊したか否かについて見解が分かれている(54)。議論で取り上げられたのは、菅浦惣が構成員に対し処罰を下したところ、代官浅井井伴が惣の決定に介入した、という永禄一一年（一五六八）に起きた一連の事件である。

赤松俊秀氏と石田善人氏は自検断の「崩壊」を論じたのに対し、勝俣鎮夫氏と藤田達生氏は、菅浦惣の自検断は健在で、大名権力の裁判権は自検断を前にして限定的にしか機能しなかったと批判した(55)。本節では関連史料に基づいて、両方の見解を検証した上で、浅井氏の支配下での菅浦惣における自検断の機能を考えなおしてみたい。

【史料三】　浅井井伴下知状(56)

如二申合候一源三郎親子来秋還住不レ可レ有二別儀一候、然者家同屋内諸道具以下当座不二取散一物共ハ可レ被二相渡一候、其外源三郎父子自分之諸一職無二別儀一可レ被レ渡候、

又被レ渡間敷分之事

一神明庵一職之事

一清応軒徳分幷一職之事

右貳ヶ条者被レ渡間敷候、仍如レ件、

永禄十一年四月八日　　浅井木工助
井伴（花押）

阿弥陀寺
善応寺
菅浦
惣中

これは永禄一一年四月八日に、井伴が阿弥陀寺・善応寺（惣中の乙名）・菅浦惣中に送った書状である。井伴と菅浦が申し合わせたように、源三郎父子が来秋に菅浦に還住することは別儀あってはならない。還住させるとともに、源三郎父子が持っていた家や屋内諸道具などはもちろん、その一職も源三郎父子に返すべきである。ただし、神明庵一

職と清応軒一職と徳分（得分）は渡さないという。そして、同日付で、菅浦の阿弥陀寺と善応寺が連署して井伴にも同じ内容の書状を送った（57）。

源三郎父子がなぜ処罰を受けたかについては、先行研究で触れられていないが、「神明庵一職」と「清応軒徳分并一職」を源三郎父子に渡してはならないとの内容から考えれば、源三郎父子は神明庵と清応軒についての権益を争っていたのが原因かもしれない。

そして、その四か月後の八月一八日に菅浦惣中が井伴に出した詫状（案文）が見られる。

【史料四】　菅浦惣中誓約状案（58）

今度者不慮ニ不二相届一緩怠仕、被レ成二御折檻一候處ニ、御詫言申ニ付て御免なされ忝存候、然者、向後御耳へ入申、於二子細一者、為二地下一糺明申事有間敷候、可レ為二御異見次第一候、就レ其、清徳庵親類之者共四人、今度之子細ニ付てハ、地下より違乱申間敷候、仍出レ状如レ件、

永禄十一年
八月十八日　　菅浦惣中

木工助殿へ出状之跡書也、

浅井木工助殿参

ここには、今回は菅浦の不備で、惣中が「清徳庵親類」四人に下した処罰について井伴への報告が遅れてしまった。この点について井伴が折檻し、菅浦が詫言を申し入れたところ、井伴が受け入れてくれたことはありがたい。今後はすべてのことを井伴にきちんと報告し、菅浦が独自に決断せず、井伴の意見に従う。「清徳庵親類」四人に対する井伴の処置について菅浦から異論を述べないと書かれている。

このように、菅浦惣が源三郎父子、「清徳庵親類」四人にそれぞれ下した処罰に対して、代官井伴が介入したこと

が史料三・史料四から明らかであり、前述した赤松・石田・勝俣・藤田各氏はおおむね同じ史料解釈をして、その事実を認めている。

しかし、その事実を踏まえて、菅浦の自検断をどう評価すべきであるかという問題に関しては意見が分かれている。すなわち、赤松・石田説は、惣が井伴に詫言の誓約書（史料四）を出したことから、井伴の重圧により惣が自検断を放棄したと主張する。一方、勝俣氏と藤田氏は、井伴による惣の決定に介入した事実があっても、菅浦の自検断が崩壊したとはいえないと主張する。惣が作成した壁書を見れば、結局、惣は史料四の「清徳庵親類」四人に処罰を下しており、自検断が行われているからであるという。[補註(2)]

では、菅浦惣が作成した、壁書を見てみよう。

【史料五】　菅浦惣中壁書案[59]

当所壁所《書》之事、守護不入、自検断之所也、然者西ニ三人六郎三郎・孫四郎・源三、東ニ一人衛門尉二郎、是四人、在所之背㆓置目㆒、縦地頭号□□不㆑可㆑然行在㆑之間、於㆓末代在所之参会㆒、執分村人長男中老此等之参会興行之仁於㆑在㆑之者、先其人を堅可㆑致㆓政道㆒者也、猶以其仁躰之事者不㆑及㆑申者也、仍而為㆓後日㆒如㆑件、

　　永禄十一年十二月拾四日　　廿人
　　　　　　　　　　　　　　東西之中老
　　　　　　　　　　　　　　十六人之長男

この壁書は史料四の後の一二月一四日に、菅浦惣中の長男（乙名）と中老が集まり、「清徳庵親類」の四人（六郎三郎・孫四郎・源三・衛門尉二郎）に処罰を加えるために集会を開き、記したものである。内容は、この四人が「地頭」（浅井井伴）[60]の威勢を借り惣の掟に違反したので、永久に惣への参会を禁じるとして四人の座抜きを表明し、「守護不入、自検断之所也」と改めて惣の自治を強調したものである。

壁書が書かれた後、処罰を与えられた四人と井伴の動きは、関連史料が存在しないため明確にできないが、壁書の時点で菅浦の自検断が行われていたことは明らかであり、誓約書は菅浦が自検断を放棄したものだ、という赤松・石田説は成り立たないと思われる。壁書が将来惣の自検断が復活した際にこの四人を処罰することを誓ったものだとする点も無理な史料解釈といえる。

このように惣の自検断が健在なのは事実だが、勝俣氏が主張するように、菅浦惣の自検断が強固であり、浅井氏の裁判権が村に浸透せず、限定的にしか機能しないと評価してよいであろうか。筆者はその見解に疑問を感じる。

藤田氏が、誓約書作成の意図が大名権力による実力行使を回避するためであったと指摘したように(61)、この一連の事件を振り返ってみると、井伴の介入で惣の決定が覆されており、惣の自検断に対し、井伴の代官としての権威が優位に立っていることは明確である。

具体的に見ると、源三郎父子は、井伴の力で村への還住や没収された財産の返還に成功した。そして、誓約書からはもともと「清徳庵親類」四人に下した処罰の内容はうかがえないが、源三郎父子の事例を見れば、それに近い処罰だった可能性が高い。その後の壁書から、この四人が永久に惣への参会を禁じられたことがわかるが、たとえそれが実行されたとしても、菅浦の地からの追放に比べれば軽いものといえる。

そして、井伴が源三郎父子と「清徳庵親類」四人に下された惣の決定に介入した背景は、現存の史料(史料三～史料五)に記述がないため、断言できないところがあるが、先行研究が等しく指摘するように、源三郎父子と「清徳庵親類」四人は、惣中から処罰を受けてからすぐに井伴に助けを求めており、彼らと井伴との密接な関係がうかがえる。被官関係があったことも推測されよう。このように、個人の利益が惣の利益と衝突した際に、上級権力に頼り、惣の決定を取り消させようとする村人の選択は、在地の人々が浅井氏の裁判権の優位をよく認識していることを示しているといえる。

当然、このような村人の選択は菅浦惣にとって不都合であり、従来の慣習や秩序は揺り動かされる。井伴への誓約書の提出という惣にとって衝撃的な事態を経験した後、惣の長男（乙名）と中老たちは集会を開き、四人に座抜きの処罰を与えるということによって、菅浦住民に惣の権威をアピールし、源三郎父子や「清徳庵親類」四人のような動きの活発化に歯止めをかけようとしたのであろう。それこそが壁書の本当の狙いではなかろうか。

もちろん、誓約書を出した後、惣が自検断を行使したことを見れば、井伴による介入は惣の自検断を潰すことが目的ではないことが明確である。そして、その介入が村人からの訴えを受けてなされた可能性が高いことを考えれば、井伴に菅浦惣の決定全般に介入する意図はないと考えられる。

このように、浅井氏の裁判権と菅浦惣の自検断は重層的な関係にあるといえるが、これは浅井氏の裁判権が限定的に機能するということではなく、支配のあり方から考えるべきだと思う。つまり、畿内惣村の機能（自検断を含む）は長年かけて成熟した慣行であるため、浅井氏にとっては、惣村の機能をうまく利用することが支配を円滑に進める鍵となる。したがって、支配に支障がない限りでは、惣の実務を惣に任せるのは合理的な支配のあり方といえる。勝俣説のように、惣の自検断の優位性を一面的に主張すれば、大名の裁判権の優位を矮小化してしまう恐れがあると思われる。

おわりに

本章では、代官浅井井伴による支配期を中心に、役負担・借銭問題・自検断など、これまでの研究でよく議論されている三つの側面から、戦国大名浅井氏と菅浦との関係を総体的にとらえなおすことを試みた。

それまでの日野家や湖北の土豪による支配と比べると、代官支配の強化が、浅井氏の菅浦支配においてもっとも注目するべき点である。舟役の賦課や油実買い取りなどからうかがえるように、浅井氏当主は必要な時に菅浦に直接命令を出す場合があるが、年貢・公事銭が確保される限りで、菅浦支配を基本的には代官井伴に任せていると考えられる。井伴はそれまでの代官の役割であった年貢・公事銭の受け取りにとどまらず、舟役などの賦課、未進年貢・公事銭の貸借とその債権化、菅浦惣の自検断への介入など、菅浦支配に関する全般の実務を任され、実質的な支配の権限を持つようになった。

このように、代官井伴は浅井氏権力を背後に、菅浦に領主的な支配を及ぼしていったが、その支配は、赤松説など一九五〇・六〇年代の研究が主張したような、菅浦惣の機能を潰すことを目的にしたものではないと思われる。日指・諸河の年貢・公事銭の徴収を見れば、徴収の額・方法が従来の地下請の形式を留めているように、長年をかけて成熟してきた惣の機能は、浅井氏にとって支配の支障とならない限り、存続させられ、活用される。菅浦惣の自検断への介入も同様に、惣の自検断の否定を目的にしたわけではないと考えられる。ここから、代官井伴の支配における合理性と正当性が見えてくる。そして、支配の支障とならない限り、惣村の機能を生かすこのような支配のあり方は、惣村が成立した畿内近国という地域の特性とも深く関わっているといえよう。

一方、代官井伴の支配の下で、菅浦は井伴が代納した未進年貢の返済などに努めたり、井伴による惣の決定への介入を受け入れたりするように、代官井伴の支配に従う姿勢を示している。菅浦のこうした行動と対応は、井伴の支配への同意の現れといえよう。

近年、大名権力と村落との関係を検討する際に、「村の視点」からの議論、いわゆる移行期村落論の視角が主張されている。それは「上からの視点」、つまり大名の専制性を強調する一九七〇年代までの研究の領主専制史観を克服するために生まれたが、村の主体性・自立性を強調するあまり、そこでは領主権力の支配という契機は矮小化され、大名権力と村落との関係は村の自律の貫徹による「契約」関係として描かれる。[62]惣村菅浦の事例は村の主体性を強調する上で格好の素材とされてきたが、本章の分析を通じて、浅井氏と菅浦との関係は村の自律の貫徹で説明しきれないことが明らかである。

領主専制史観を克服するために、支配の正当性という観点は重要である。池享氏は、「支配というものは支配される側の同意を調達することにより実現されるのであり、その『双方向的回路』を解明することこそが必要なのである。つまり、主観・客観両面における支配の正当性のあり方の問題である」という。[63]本章でも双方の行動・対応を視野に入れて検討を行った。大名権力と村落との関係を解明する上でこの視角は有効であり、今後も個別研究に基づいて課題を深めていきたい。

註

（1）田中克行『中世の惣村と文書』（山川出版社、一九九八年）に「菅浦関係文献目録」が収録されている。一九九八年以後の論文や、個別の論点に関する先行研究は適宜言及することにしたい。

（2）赤松俊秀「戦国時代の菅浦—供御人と惣　続論—」（『古代中世社会経済史研究』平楽寺書店、一九七二年、初出一九五九年）。

（3）石田善人氏は「郷村制の形成」（『中世村落と仏教』思文閣出版、一九九六年、初出一九六三年）、小和田哲男氏も「領国下村落の二つの形態」（『近江浅井氏の研究』清文堂出版、二〇〇五年、初出一九七三年）において、戦国期の菅浦と浅井氏について、赤松氏とおおむね同じ見解を示している。

（4）『菅浦文書』九二五号（『菅浦文書』上・下、滋賀大学日本経済文化研究所史料館編纂、有斐閣、一九六〇・六七年）。以下、引用史料の番号はこの刊本に従う。文書名も原則としてこれに従うが、内容に即し変更したものもある。

（5）勝俣鎮夫「戦国時代の村落―和泉国入山田村・日根野村を中心に―」（『戦国時代論』岩波書店、一九九六年、初出一九八五年）一一八頁、藤田達生「地域的一揆体制の展開―近江国菅浦惣莊―」（『日本中・近世移行期の地域構造』校倉書房、二〇〇〇年、初出一九八五年）六三〜七一頁。

（6）阿部浩一「戦国時代の菅浦と代官支配」（『戦国期の徳政と地域社会』吉川弘文館、二〇〇一年、初出一九九五年）。

（7）本書の第二部第二章を参照されたい。

（8）以下、年貢・公事銭請取状についての記述は、本書の第二部第一章による。

（9）荘園領主日野家の支配については、田中「室町期の請取状にみる領主関係」（前掲註（1）著書）を、湖北土豪の支配については、本書の第二部第一章を参照されたい。

（10）田中克行「地下請と年貢収取秩序―近江国菅浦惣庄の場合―」（前掲註（1）著書、初出一九九五年）一九〇〜一九一頁。

（11）菅浦物による年貢収取の実態は田中氏の前掲註（10）論文で詳細に分析されている。

（12）湖北土豪支配下の代官については、本書の第二部第一章を参照されたい。

（13）浅井氏の支配下に入ってからの年貢高について太田浩司氏は年貢率の引き上げを指摘する（「田畠と惣―中世近江国菅浦における開発をめぐって―」〈『明治大学大学院紀要』二四―四、一九八七年〉三一二頁）。これに対し、田中氏は年貢率が上昇しているのと同時に、年貢対象地面積が減っているという。この斗代の上昇・年貢対象地の減少は浅井氏の意向ではなく、惣庄自身の方針と見なすべきであると指摘している（前掲註（10）論文、一九四〜一九五頁）。

（14）前掲註（2）赤松論文五六六〜五六八頁を参照されたい。そのほかに、『滋賀県史』（第三巻、一九二八年）一八七頁や林屋辰三郎『中世文化の基調』（東京大学出版会、一九五三年）一〇〇〜一〇二頁も菅浦の舟運について触れている。

（15）天文一〇年四月三日に京極高広が浅井亮政との確執から、挙兵して合戦を行った。「天文十年六月従北郡錯乱」はこの合戦と関連していると考えられる。

（16）『菅浦文書』八八八号。

（17）浅井新三郎の本名は田屋明政で、高島郡海津を本拠地とした。当初は浅井亮政の後継者とされ、亮政の娘鶴千代の夫として浅井家に婿入りしていた。

(18)『菅浦文書』八九一号。
(19)『菅浦文書』二六一号。
(20)浅井新三郎による舟徴用を見ると、菅浦は舟を負担するだけではなく、新三郎、その代官、奉行などに樽銭・「ふさい銭」などを払ったり、魚を贈ったりしており、舟役に付随してさらなる出費もさせられている（八九二号・八九三号）。
(21)『菅浦文書』四〇九号。
(22)このほかに、一〇〇七号も浅井井伴が菅浦の舟を徴用する文書と考えられる。
(23)『菅浦文書』一四六号。冒頭の「就二棟別一条々」の部分は田中氏（「惣と在家・乙名―近江国菅浦惣庄の形成―」〈前掲註(1)著書、初出一九九五年〉、註55参照）により補われた。
(24)一四六号についてのそれぞれの見解は前掲註(23)田中論文の註56・57・58を参照されたい。
(25)前掲註(23)田中論文一三一～一三四頁を参照されたい。
(26)菅浦の借銭・借米については、湯浅治久氏が表にまとめている（「戦国期の『徳政』と在地社会―主に村落との関連で―」〈『中世後期の地域と在地領主』吉川弘文館、二〇〇二年、初出一九八九年〉三四九～三五〇頁）。
(27)『菅浦文書』二六二号。
(28)本書の第二部第二章の註(39)を参照されたい。
(29)『菅浦文書』九二八号。
(30)『菅浦文書』九二九号。
(31)『菅浦文書』九一一号。菅浦では、永禄一〇年以降、貸借の取引手段が銭納から米納へと変化している（浦長瀬隆「一六世紀後半近江国菅浦における取引手段の変化」〈『中近世日本貨幣流通史―取引手段の変化と要因―』勁草書房、二〇〇一年、初出一九八三年〉）。したがって、九一一号は永禄一〇年以降の文書である可能性が高い。
(32)又右衛門重慶に関連する文書は、三六号・一六七号・一七八号・三二八号＋三一七号（田中氏により復元される、前掲註(1)著書、一九頁）・九七〇号・一二二五号などが残されている。
(33)代官井伴の支配下での年貢・公事銭請取状の状況は、本書の第二部第一章にまとめた「表8　日指・諸河の年貢・公事銭請取状一覧」の第一二期を参照されたい。なお、請取状と借銭の記録と合わせて比べると、請取状が見られず、借銭の記録も残されていない年は、天文一四～一六年、天文一八～二二年、弘治三年（一五五七）、永禄二～三年である。

(34)『菅浦文書』九二二号。

(35)『菅浦文書』二二〇号。

(36)二〇九号（表9参照）にも、永禄四・五・七年の春成・秋成の未進分が記録されているが、永禄一二年一二月までに「惣ツ合卅七貫三百卅五文か」とあり、前の年の未進分が次の年に加算されていることがわかる。

(37)『菅浦文書』九二九号。

(38)『菅浦文書』九三〇号。

(39)『菅浦文書』二四三号。

(40)『菅浦文書』九三九号。

(41)元亀二年も同様の事例（二四三号・九三九号）である。

(42)借銭状・借米状が『菅浦文書』に残るのは、菅浦が未進分を着実に返済し、借銭状・借米状を取り戻したもう一つの証拠だと考えられる。

(43)『菅浦文書』二〇七号。

(44)麦は元々山科家の供御年貢の一部として上納されていたが、天文一四年の供御年貢の記録を最後に、一〇〇年ほど続いた供御年貢は途絶した（前掲註(9)田中論文は、主に文明年間における山科家への供御送進を分析する〈一六五～一七〇頁〉）。

(45)『菅浦文書』九三六号。

(46)綿については、年未詳の浅井井伴書状（九一〇号）に「わた《（綿）》の未進分」六五文を受け取ったとの記載がある。これが、綿役を名目とする新たな課役の納入を指すか、年貢・公事銭の未進分の綿による納入を指すかは不明である。

(47)油実の栽培については、油が公事として菅浦の公文（初見は延徳元年〈一四八九〉、八六一号）や竹生嶋（初見は永正一八年〈一五二一〉、一一六九号）に納められていたことを見れば、栽培は早い時期から始まったと思われる。前掲註(2)赤松論文五五三～五五六頁を参照されたい。

(48)『菅浦文書』四〇七号。

(49)『菅浦文書』九四〇号。

(50)『菅浦文書』二五三号、四二一号。

(51)菅浦は井伴の命を忠実に実行したと考えられる。遠藤氏との油実売買のことを記した覚書（九一三号）には、前記の売買を指すかどうかは不明だが、「殿様（井伴—筆者註）より被レ仰候ことくニ仕候」とあるように、菅浦は井伴の命令に従っていることが読み取れる。

(52)惣村の指標については前掲(3)石田論文一三六～一四九頁を参照されたい。

(53)『菅浦文書』二二六号。

(54)宮島敬一氏は、自検断の崩壊と存続の間で揺れてきた研究史に対し、浅井氏と菅浦の「関係」に注目して、戦国大名と「社団」としての村落が対峙する構造を指摘している（『戦国期社会の形成と展開—浅井・六角氏と地域社会—』吉川弘文館、一九九六年、三〇七～三二〇頁）が、議論されてきた永禄一一年の事件について詳しくは論じられていない。

(55)藤田氏は惣の自検断に対して、浅井氏の裁判権を「二次的」なものと評価するが、本質的には勝俣説と同じだと考えられる。

(56)『菅浦文書』二五七号。

(57)『菅浦文書』二五六号。正文は当然井伴に送られたので、その連署書状案だけが『菅浦文書』に残された。

(58)『菅浦文書』九二三号。

(59)前掲註(4)文書。

(60)「縦地頭号□□不レ可レ然行在レ之間」の箇所は欠字のため、「地頭」が誰を指すかは明確ではない。先行研究（赤松氏・石田氏・勝俣氏・藤田氏）はいずれも代官井伴を指すと考えている。壁書が出されたのは誓約書（史料四）提出の四か月後であり、壁書に記された四人が誓約書の人数とも合うことから、「地頭」は代官井伴と考えるのが妥当と思われる。

(61)ただし、藤田氏はこのように指摘しながらも、浅井氏の裁判権を「二次的」なものと考え、誓約書と壁書を整合的に議論していないと思われる。

(62)移行期村落論の問題点に関する代表的見解として、池享「『戦国』とは何か」・「中近世移行期における地域社会と中間層」（『戦国期の地域社会と権力』吉川弘文館、二〇一〇年、前者初出一九九七年、後者初出一九九九年）・「中近世移行期研究の新視点」（『日本中近世移行論』同成社、二〇一〇年、初出二〇〇六年）などを参照されたい。

(63)「双方向的回路」という視点は、池「西村幸信著『中世・近世の村と地域社会』をめぐって」（前掲註(62)『戦国期の地域社会と権力』、初出二〇〇八年）五九頁で提示されている。

補註（1）本章の初出（二〇一二年）の後、似鳥雄一氏は改めて油実などの商品作物の生産に注目して、油実という新たな商品作物への高い需要を背景に、菅浦はその生産を生業として確立するために投資を行い、浅井氏は資金を貸しつけて利殖と油実の調達を図ったと、菅浦の債務に積極的な意味を見出すと同時に、従来指摘されてこなかった菅浦と浅井氏との経済的な関係を論じている（「戦国期惣村の生業・商業・財政―菅浦と浅井氏・竹生島の関係をめぐって―」〈『日本史研究』六三二号、二〇一五年〉）。

補註（2）本章の初出（二〇一二年）の後、蔵持重裕氏は史料五の壁書文言や署名記載などを検討した上で、壁書の作成事情について新たな見解を示した。すなわち、壁書は菅浦村内の処罰者への扱いをめぐる村内の意見の対立状況を前提に、介入する浅井井伴への対応に苦慮する一部の人々の相談を受けて、一方の領主である花王院サイドが井伴を意識しつつ作り上げたものであるという（「菅浦惣『永禄十一年壁書』について」〈『研究紀要』四六号、滋賀大学経済学部附属史料館、二〇一三年〉）。蔵持氏は上記の解釈を踏まえて、井伴の介入をどう評価すべきかについては触れていないが、この新たな解釈からも、菅浦が井伴の介入と威勢を前に苦慮している姿が読み取れるであろう。

終章　総括と展望

はじめに

本書では、戦国期における村落と領主権力との関係について検討した。総括に際し、序章で述べた課題を再度簡単に述べておきたい。

領主という「上から」の視点に基づく一九七〇年代までの研究でも、村という「下から」の視点に基づく一九八〇年代以降の移行期村落論でも、視点は異なるとはいえ、領主と村落との関係において重要な位置を占める土豪層に独自の位置づけを与えていない点は共通し、二者間関係論の枠組みでのみ議論が展開されてきた。特に、移行期村落論は七〇年代までの研究に根本的な見直しを迫るもので、村落像の具体化に大きな成果をあげたが、村の主体性・自立性を強調するあまり、領主権力の支配という契機を軽視するという問題点が、その後の研究によって指摘されてきた。したがって、移行期村落論が提起されてから三〇年余りも経った現在では、その視角は再検討されるべきものと考えられる(1)。

しかし、領主支配という契機を重視する本書の立場は、藤木久志氏が危惧した「もと来た道」、すなわち七〇年代までの研究への回帰ではない。領主支配を「関係性」においてとらえること(「双方向的回路」という視点)や、土豪層の独自の位置づけを追究することは、七〇年代までの研究に欠落した視点だからである。

以下、終章においては、各章の内容をまとめながら、前述した本書の基本的な視点の有効性を検証したい。それを踏まえた上で、今後の展望を述べる。

一　第一部のまとめとその成果

第一部「戦国大名北条氏と村落」では、豊富な史料と先行研究がある、戦国大名北条氏領国下の伊豆国西浦地域と駿河国駿東郡口野地域を対象として、郷村の小代官と土豪層代官をキイワードに検討した。

第一章「戦国大名北条氏の西浦地域支配」では、大名権力と村落の間に介在した小代官に焦点をあて、北条氏の西浦地域支配を再検討した。小代官の先行研究では、郷村の小代官は村の外部から派遣される代官の手代と同一視されてきたが、郷村の小代官は代官の手代とは異なる存在であり、両者の相違点を明らかにした。

第二章「戦国大名北条氏の郷村支配と『小代官』」では、二類型の小代官が存在することを踏まえ、視野を北条領国全体に広げて郷村の小代官の実像をいっそう明らかにすることを試みた。二つの章の検討を通じ、以下の点が明らかとなった。

まず一つ目は、郷村の小代官は北条氏当主により設置されたもので、直轄領に設置された代官―小代官制度とは異なる新たな制度という点である。代官の下にある小代官はあくまでも代官の手代として、代官が務めるべき仕事を代行・補佐する存在である。そのため、彼らは代官と緊密な関係にあり、代官の被官である可能性が高い。また、代官の仕事を代行するため、北条氏当主が直接に彼らに命令を発することもありえる。したがって、この類型の小代官の関連文書には、代官と北条氏当主の双方から発給されたものが存在する。一方、郷村の小代官は北条氏当主が設置した役職として、北条氏当主からの命令を務めるのがもっぱらの役目である。関連文書には北条氏当主が発給したものだけが存在することが、この役職の特徴をあらわしている。

二つ目に、北条氏当主が郷村の小代官を設置した目的である。この問題について、先行研究では代官支配を郷村から排除するためとされてきたが、西浦地域においては、代官支配が北条氏滅亡まで一貫していたことを見れば、それが目的ではないといえよう。その理由は郷村の小代官が果たす役割から探る必要があると考える。小代官の役割は三つに絞られ、それは①各役銭の皆済、②各公事・夫役の調達、③軍事緊迫の際の百姓戦闘員の徴発といったものである。

上記の役割の中で、①と②は、郷村の小代官が設置された当初から命じられたものである。①の背景には、永禄年間頃に銭納制が行き詰ったことが北条氏の役銭収取に大きな影響を与えていた状況があった。その後現物納制に移行したが、北条氏は銭と現物との両替率を設定し、現地に通告する。しかし、それだけで、各役銭の徴収が順調に行われるわけではない。実際に、米で各役銭を上納する場合は、升取と計手をめぐる計量の問題で、百姓と奉行人等との間にトラブルが起きていた。そこで、北条氏は郷村の小代官に計量の責任を負わせることによって、上記のトラブルを防ぎ、各役銭の皆済を図ったと見られる。一方、②はおおむね緊急の公事調達と普請役・人足役に分けられるが、それらも北条氏にとって重要な賦課であり、郷村の小代官の働きを通じて、迅速に対応させようとする意図が見られる。そして、③の役割だが、①と②に比べて、史料に現れる時期がだいぶ遅くなっている。関連史料がおおむね天正一五年（一五八七）に集中しているが、豊臣秀吉との戦いに備えて、北条氏当主が多くの郷村に人改め令を発している背景があった。その際、郷村の小代官が村からの戦闘員徴発の責任を負っているのがわかる。

このように、郷村の小代官が命じられた役割の背景には、それぞれ上記のような複雑な事情があることがうかがえる。北条氏は、この役職を設置する際に、上記の役割をいっせいに命じるのではなく、実情に合わせて明確にしていったのではないかと考えられる。

三つ目は、郷村の小代官の身分であるが、上記の役割を果たせるのは、在村の有力百姓・土豪層の可能性が高い。それは関連史料が、それぞれ村落の有力百姓の家に所蔵されていることが、証拠の一つとしてあげられるであろう。また、郷村の小代官が時々名主（中）と一緒に記されていることから、両者は密接な関係にあったと見られる。

第四章で検討したように、郷村の小代官が設置された郷村には、給人領の存在が多く見られる。先行研究が指摘するように、名主は年貢収納を中心とした領地支配のために、個々の領主（代官を含む）によって設置されていた。そのため、北条氏は新たな郷村政策を展開する際に、名主にまず目をつけたはずである。ただし、郷村の小代官が果たす役割は、直轄領・給人領を問わず郷全体を対象とするものであり、北条氏は、給人の領地支配に位置づけられていた名主をそのまま襲用するよりは、郷村の小代官という新たな役職を設けて、彼らの役目を明確にしたほうがよいと考えたのであろう。したがって、両者は密接な関係にありながら、制度的には郷村の小代官は給人が設置した名主とは異なり、北条氏によって設置された、独自に位置づけられた新たな役職であると結論づけたい。

なお、北条氏の郷村支配において土豪層が代官に任命されたことも見逃せない。先行研究では、土豪層代官を郷村の小代官と同じ存在ととらえているが、第三章と第四章は、土豪層代官を中心に検討した。

まず、第三章「戦国大名北条氏の口野地域支配」では、西浦地域からほど近い口野地域において葛山氏元支配期から北条氏光支配期にかけて、一貫して代官を務めた土豪の植松氏に焦点をあて、土豪層代官の実像を検証した。

一九七〇年代までの研究は、北条氏は小領主となった植松氏を支配の末端に位置づけ、代官として行政的な役割を果たさせることによって、支配を五か村内部に浸透させたと論じたが、移行期村落論の立場に立った研究は、北条氏の所領支配は在地性が薄く、在地の土豪層に大きく依存しているという。しかし、いずれも、植松氏の中間層としての独自の位置づけやその動向についての検討が欠落している。

土豪層代官植松氏が早くから領主権力と被官関係を結び、給分を安堵され給人になる一方で、軍役を負担したことが葛山氏元の支配期から確認できる。その被官化は移行期村落論が主張したような村のためではなく、他の土豪や百姓から自分の諸権益を守るために、上級権力と被官関係を結び、上級権力にそれらを保証させることが植松氏の狙いであった。

一方、葛山氏・北条氏は植松氏の諸権益を保証する代わりに、代官としての役割を果たすよう命じている。それは葛山氏・北条氏による口野五か村の支配が、植松氏を代官に任命することによって行われていたことを意味する。そこで、植松氏の代官としての活動・役割を具体的に検討した。

検討の結果、植松氏には、さまざまな代官職務を務める一方、別の側面も見られた。すなわち、五か村が退転した際に、百姓を代表して、年貢・公事銭の減免を葛山氏・北条氏と交渉したり、漁撈や生産の指導の役割や年貢・公事銭の上納などを怠ったりする行為である。これは、植松氏があくまでも在地に基盤を持つ存在であり、退転の際に自分の権益にも影響が出るため、上記の行動を取ったと考えられる。ここから土豪層代官が持つ二面性ともいうべき特質が浮き彫りとなる。

よって、葛山氏・北条氏にとっては、代官をどう牽制して、年貢・公事銭の上納を確保するかが課題となる。葛山氏元は上使による監視を行ったが、北条氏光は家臣を立物奉行として派遣して、植松氏と百姓をその統制下に置く、より強固な支配体制を整えたのである。

次に、第四章「戦国大名北条氏の郷村支配と土豪層」では、前の三章を踏まえ、土豪層代官と郷村の小代官という視点から、北条領国の「郷請」の問題を改めて検討した。そこで明らかになった点は以下の通りである。

まず、土豪層代官は、制度的には有力家臣代官と同じ存在であり、郷村の小代官とは異なるという点である。

次に、土豪層代官が任命される背景には、北条氏が遅れてその地域に進出した場合が多いほか、土豪による隠田の告発がきっかけに、その訴人が代官に任命される場合もある点である。北条氏にとって、新田開発は年貢・公事銭の徴収増加につながるものとして、非常に重視された。また、新たに進出した地域は境目にあることが多いため、地域防衛も重要な課題になってくる。現地に詳しく、それまでの権力者の下で郷村支配に携わった有力な土豪層を起用するのは、北条氏にとって現実的な選択といえよう。一方、これらの土豪層がみずから積極的に北条氏と被官関係を結び、代官を務める動向の裏には、自分の権益を確保・拡大していきたいという願望が強くあったのである。

以上、四つの章の検討を通じて、北条氏領国においては、在地に基盤を持つ土豪層がその地（または隣村）の代官、あるいは小代官に任命され、支配を行う体制であったことがわかる。こうした郷村の小代官や土豪層代官は、北条領国において広く設置が確認できるが、彼らはさまざまな役割を果たしており、それは北条氏による上からの一方的・強制的な政策でもないし、自立の村が北条氏権力から勝ち取った勝利でもない。それは、在地側の身分上昇の願望を持つ土豪層らの要求と、郷村支配を円滑に進め、年貢や公事銭増収なども行いたい北条氏権力側の意図とがかみ合ったところで成り立った郷村政策と位置づけられよう。したがって、北条領国の「郷請」はこのような背景をもって成り立ったものではないだろうか。そこでは、在地の土豪層・有力百姓が、実際に主導して北条氏の命令に応じており、史料に現れる「百姓中」をもって百姓中心の自治的な村組織が存在するとただちには判断できない。

このように、第一部の検討を通じて、大名権力と村落との関係は牧歌的な「棲み分け」ではないことが明らかとなる(2)。村内部でさまざまな利害の競合が生じる中、土豪層は大名権力と主従関係を結ぶことによって自分の利益と地位を守ろうとしている。大名権力はこうした在地構造に依存し、対応した上で自分の政策と支配を展開しているのである。郷村の小代官と土豪層代官の設置と展開はその一端を物語っているといえよう。

二　第二部のまとめとその成果

序章で述べたように、一九七〇年代までの惣村研究において、大名権力と惣村との関係についての考察は、大名支配の浸透に伴って、惣村の自治が崩壊するというのが共通の認識であった。議論の中でよく取り上げられたのは、菅浦の事例である。その中で、一九五〇年代末に、赤松俊秀氏は役負担・借銭問題・自検断という三つの側面から菅浦と浅井氏との関係を総体的に論じた上で、浅井氏の支配下で惣の自治が否定されることになったと論じた。以後、この「自治」崩壊論が長く通説となっていた。

一方、一九八〇年代に入ってから、勝俣鎮夫氏と藤田達生氏により赤松氏の自検断崩壊説への批判が行われ、そして、一九九〇年代に入ってからは、阿部浩一氏により借銭問題についての新たな解釈も行われた。いずれも惣の自立性を強調する議論となっている。

このように、戦国期における菅浦と浅井氏との関係は重要な課題として議論されてきたが、先行研究はそれぞれの視点を強調しており、関係の全体像が明らかにされているとはいえない。そこで、第二部「戦国期の菅浦と領主支配」では、戦国期における菅浦と浅井氏との関係を中心に再検討を行った。

まず、第一章「戦国期菅浦における領主支配の変遷」では、日指・諸河の年貢・公事銭の請取状の分析を通じて、延徳〜元亀年間（一四八九〜一五七三）における菅浦の領主支配の変遷を考察した。

請取状には、花押だけが据えられ、人物が不明なものも多い。これらの花押の比定は菅浦の領主の変遷の全貌を知る上で重要である。そして、この作業は、いまだ統一的な見解が出されていない浅井氏による菅浦支配の開始時期の解明にもつながる。

筆者は、日指・諸河の請取状を分析した結果、以下のような結論を得た。延徳年間（一四八九～一四九二）以降は、五坪氏・山本氏・安養寺氏・西野氏・弓削氏・熊谷氏・浅見氏など湖北の土豪が領主となる。彼らのほとんどは近江守護京極氏の被官であることが確認でき、京極氏の支配の浸透を物語る。そして、浅井氏の菅浦進出を大永年間（一五二一～一五二八）とする赤松氏が根拠とした花押の人物は、浅井氏と関係するのではなく、塩津熊谷氏の代官であることが明らかとなった。塩津熊谷氏は文明年間（一四六九～一四八七）、永正六年（一五〇九）～大永二年について、大永七年から享禄四年（一五三一）までも菅浦の領主となったことがわかる。

このように、日野家領から脱却した文明年間から享禄年間（一五二八～一五三二）にかけて、菅浦は京極氏の被官や熊谷氏など頻繁な領主の交代を経験したが、その背景には当時の湖北の混迷した地域情勢があった。そして、請取状から浅井氏の支配が確認できるのは天文九年（一五四〇）以降であり、天文一三年には一族浅井井伴が菅浦の代官となった。元亀四年（一五七三年）に浅井氏が滅亡するまで井伴による代官支配が確認できるため、浅井氏による菅浦支配は安定期に入ったといえる。

日野家領の時期の菅浦は、みずからに協力的でない領主には年貢を納めないという原則を貫いたが、その原則は領主支配を強化した湖北の土豪や浅井氏には通用しなくなった。ただし、浅井氏による菅浦の支配は変化した側面だけではなく、従来の領主支配から継続した側面（地下請という年貢・公事銭の徴収方法）も見られるため、従来の研究のようにそれぞれの一面を強調するのではなく、総体的にとらえなおす必要がある。

第二章「戦国期における菅浦の借銭問題」では、借銭問題の事例の再検討を通じて、菅浦と浅井氏との関係をとらえなおした。

注目したのは、天文五年に菅浦が中村甚左衛門尉儀と熊谷甚次郎から合わせて六〇貫文を借り、天文一二年にその返済をめぐって、菅浦と中村氏の間で交渉が行われた事例である。この事例は、赤松氏と阿部氏の議論でも取り上げられたが、事例を通じて描かれる菅浦と浅井氏との関係像には大きな相違が見られる。そして、この借銭がそもそも浅井氏と関係するものであったのかという疑問もある。

筆者はまずこの借銭の契機と返済交渉の過程を分析し、両氏の史料解釈を検証した。筆者の解釈はおおむね赤松氏の見解に一致し、阿部氏の史料解釈には事実関係と異なる点がいくつかあることがわかった。阿部氏のそれは、借銭問題における菅浦の主体性・自立性を強調したいという氏の立場に引きつけた史料解釈といわねばならない。

次に、赤松氏、阿部氏がともに浅井氏の家臣と認識する借銭の貸主中村甚左衛門尉儀の身分を検討したが、中村氏は浅井氏の家臣ではなく、熊谷氏の家臣である可能性が高い。したがって、この事例をもって、菅浦が浅井氏の借銭にどう対応しているか、菅浦と浅井氏との関係がどうであったかなどを論じる先行研究には問題があると考えられる。

最後に以上を踏まえて、この借銭交渉の過程で菅浦が取った行動を究明し、その意味を検討した。この借銭は天文五年に菅浦が「預状」の形式で中村氏と熊谷氏から借りたが、利分が明確に記載されているので、天文七年に浅井亮政が北郡に出した徳政令の適用対象に入るはずである。しかし、菅浦は徳政令による債務破棄の道を選択するのではなく、浅井氏の家臣である中嶋貞清と雨森次郎兵衛を仲介人として頼んで、彼らの斡旋によって中村氏に借銭の一部の免除を認めてもらい、残り分を返済しようとする行動を取ったのである。

菅浦のこうした行動を見れば、未進年貢をめぐる菅浦と浅井氏との関係は、菅浦が徳政令をテコにして、代官浅井井伴が立て替えた未進年貢の返済を拒否する行動を取ったという阿部氏の主張に疑問を感じざるをえない。

第三章「戦国大名浅井氏の菅浦支配」では、赤松氏が問題提起した三つの側面としての役負担・借銭問題・自検断を改めて検討することによって、浅井氏と菅浦との関係を総体的にとらえなおした。

まず、浅井氏の支配下での役賦課を検討したが、日指・諸河の年貢・公事銭の徴収額は浅井氏の支配以前と同じであり、徴収方法も菅浦の地下請をそのまま温存した。その一方で戦時などに、菅浦から大量の舟を徴用し、菅浦に大きな負担をかけたのも事実である。代官浅井井伴が舟の徴用権を行使した事実から、浅井氏の支配下で、代官はそれまでの、ただ年貢・公事銭を受け取る存在から、実質的な支配権を有する存在に変わったことが明らかとなる。浅井氏の支配下での菅浦による未進年貢の増加は以上のような負担の増加と密接に関わる。

次に、浅井井伴と菅浦の借銭問題への対応を見ると、菅浦の未進分に対して、井伴は利子付の代納と催促を行っている。そして、井伴の代納が継続したのは、菅浦がそれを返済する姿勢を取ったからである。その姿勢は菅浦がみずから記録した借銭日記・覚書からうかがえる。また、借銭返済を可能にしたのは、油実など商品作物の生産であった。このように、返済に対する双方の対応を見ると、借銭問題は、大名の専制性を強調する赤松説や、菅浦の主体性を強調する阿部説では、説明しきれないと思われる。

最後に、菅浦の自検断の問題について検討した。永禄一一年（一五六八）に菅浦惣が源三郎父子、「清徳庵親類」四人にそれぞれ下した処罰に対して、代官井伴が介入したが、その事実の評価をめぐって先行研究は意見が分かれている。赤松氏と石田善人氏は、惣が井伴に詫言の誓約書を提出したことから、井伴の重圧で惣が自検断を放棄したと主張した。一方、勝俣鎮夫氏と藤田達生氏は、井伴による惣の決定に介入した事実があっても、菅浦の自検断は崩壊していないという。その根拠は、誓約書提出後に菅浦は壁書を作成し、「清徳庵親類」四人に処罰を下して、自検断を行ったことにある。

しかし、惣の自検断が健在であるのは確かだが、それと大名権力の裁判権との関係を考える際、勝俣氏が主張するように、惣の自検断が強固であり、浅井氏の裁判権が村に浸透せず、限定的にしか機能しないという評価には賛成できない。井伴の介入で惣の決定が覆されたのは事実であり、惣の自検断に対して、井伴の代官としての権威が優位に立っていることは明確だからである。

筆者は浅井氏の裁判権と菅浦惣の自検断は重層的な関係にあると考える。井伴による介入は惣を潰す目的で行われたわけではなく、村人からの訴えを受けてなされた可能性が高い。自検断だけではなく、前述した地下請も畿内惣村において長年かけて成熟した慣行であるため、浅井氏にとっては、惣村の機能をうまく利用することが支配を円滑に進める鍵となる。したがって、浅井氏の支配に支障がない限り、それらの慣行を覆す理由はないといえよう。

以上のように、筆者は「双方向的回路」の視点に基づいて、菅浦と浅井氏との関係をとらえなおした。浅井氏の菅浦支配は、菅浦側の同意を調達した上で成り立つため、役負担・借銭問題・自検断の問題を検討する際に、双方の行動と対応を解明することが重要である。こうした分析の結果、浅井氏と菅浦との関係は村の自律の貫徹で説明しきれないことが明らかとなる。しかし、領主権力の支配という契機を重視するという立場はただちに一九七〇年代までの領主専制史観への回帰ではない。「双方向的回路」の視点に基づいて、支配の正当性を解明することは、七〇年代までの研究に欠けているからである。それは筆者が描いた関係像と赤松氏のそれとが異なることからもうかがえる。

三　今後の課題と展望

以上、各章の内容のまとめを行った。村落と領主権力との関係を分析する上で、本書が取った基本的視角の有効性を検証し、移行期村落論の視角を見直す必要性を主張した。

序章で述べたように、本書は、上記の視角の設定とともに、地域性の問題を重視してきた。では、三つの地域（西浦・口野・菅浦）の個別の検討から、どのような相違点あるいは類似点が見出せるであろうか。これは戦国期の村落像、権力像、時代像を総体的に把握する上で重要であるため、最後に、三つの地域の比較を行い、それによって今後の課題を提示したい。

まず、北条氏領国下の西浦・口野両地域の在地秩序を比較したい。移行期村落論の立場からの研究では、この二つの地域には同じく土豪層からなる相互扶助体制が築かれていたとされる。しかし、両地域の在地秩序の性質は異なり、口野地域では、西浦地域のような土豪層からなる相互扶助体制は築かれていない。その原因について、筆者は口野地域が土豪層らの諸権益が競合した状況にあったことと関連しているのではないかと考える。

口野地域には、植松氏のほかに、町田氏・橋本氏・増田氏・久住氏などの土豪が存在していた。彼らの拠点は、中世の史料だけでは判断しにくいが、植松氏については、獅子浜に戦国期以来豊富な史料が残されており、近世には獅子浜村の名主・津元を勤めたことから、獅子浜に在住したと見られる。しかし、植松氏は尾高や多比においても諸権益を持っていた(3)。町田氏は近世には多比に在住していたことがわかるが、戦国期の居住先は明らかではない。天文二一年（一五五二）に起きた植松氏との相論の史料(4)を見れば、尾高や多比に諸権益を持ち、植松氏と対峙するほどの存在であったことがわかる。橋本氏は獅子浜の有力土豪と見られる。

このように、一つの村に複数の土豪が存在し、あるいは一つの村に彼らの権益が交錯しているのが口野地域の状況であったと考えられる。

一方、西浦地域を見ると、長浜に大川氏、重須に土屋氏、木負に相磯氏、三津に大河氏（大川氏の同族）というように、彼らはそれぞれの村に経営基盤を持っていたと見られ、各氏の権益の範囲は比較的明確であったと考えられる。こうした在地秩序が、相互扶助体制が築かれた土台ではないかと考える。土豪層はこうした相互扶助体制を通じて自分の権益を守ることができる。たとえば、天正一七年（一五八九）に長浜の大川氏が同村の某長門ら三人との間の相論で勝訴した際、某長門ら三人が起請文を提出して、今後大川氏や大川一族に「あしきさま《悪》ニ存間敷候」と誓ったが、木負の相磯與三左衛門と向海の日吉八郎左衛門が証人（中人）として起請文に署判しているのはその一例であろう。(5)

こうした在地秩序の相違は、彼らの領主権力への被官化の形態にも影響を与えている。西浦地域の土豪層は「西浦在郷之御被官衆」として北条氏に編成されているが、口野地域の土豪層は、葛山氏元支配期でも北条氏光支配期でもそれぞれ独自に領主権力と被官関係を結んでおり、いずれも衆として編成された様子は見られない。これも口野地域における土豪層の利害の競合という状況と関わるといえる。

以上のように、西浦地域と口野地域を比較すると、距離的に近く、生業形態も近い両地域であっても、異なる在地秩序が見られ、その相違がまた領主権力の支配の方式に影響を与えていることがわかる。(6)

次に、西浦地域・口野地域と菅浦との比較に移る。

序章で述べたように、移行期村落論は、自治的な村落共同体や村請が地域を問わず成立したことを議論の前提としているが、多くの研究者によって問題点が指摘されてきた。たとえば、池上裕子氏は、以前は勝俣説の影響のもと北条領の郷と郷の請負を惣村・村請と同じものと見なそうとしていたが、近年は再検討する必要があると見解を改めている。氏は上野国多野郡北谷郷を事例に、北条領国の「郷」と「郷請」の実態を検討している。北谷郷は二〇弱の小村からなっているが、北条氏は村ではなく、郷を単位に検地を行って年貢定納高を確定し、「北谷之郷代官・百姓中」宛に検地書出を出している。郷村の百姓中が納入を請け負う形になるが、この「郷請」は郷の自治組織によって行われるのではなく、北条氏と被官関係を結んだ北谷郷の土豪の飯塚氏が郷全体にわたる年貢徴収業務に従事することによって成立したものである。したがって、北谷郷の事例から、北条領の「郷」と「郷請」を村や村請と同一視できないことがわかるという(7)。

池上氏の指摘を踏まえて、北条領の西浦地域・口野地域を見てみよう。西浦地域は「三津分」「長浜分」とあるように、七か村にそれぞれ検地が行われ、年貢定納高が確定された上で、西浦地域全体の年貢高が算出される(8)。口野地域も同様である。これは北谷郷に見られる「郷請」と同じものである。また、西浦地域と口野地域において「郷請」を実際に支えたのは西浦地域の土豪層と口野地域の土豪植松氏と考えられる。

一方、菅浦には応永年間（一三九四〜一四二八）に年貢二〇石・公事銭二〇貫文という固定年貢を請け負う地下請が成立し、年貢収取は、「惣中」と呼ばれる菅浦の自治組織によって独自の帳簿が作成され、代官に定額年貢を引き渡すまでの一切の責任を負っていたのである。こうした地下請と年貢収取の方法は浅井氏の支配下に入ってもそのまま認められている。

菅浦と比べると、西浦地域と口野地域の「郷請」はすでに存在しているのではなく、北条氏によって新たに作り上げられたものであった。また、その「郷請」を支えるのは菅浦のような乙名・中老・若衆からなる自治組織ではなく、西浦の場合は各村に拠点を持つ土豪層・郷村の小代官、口野地域の場合は土豪層代官植松氏といったように、郷内の一人か複数の有力者であった。

以上の比較を通じて、移行期村落論が主張するような自治・自律的な村や村請が均一に成立しているわけではなく、地域によってその実態が異なることが明らかとなる。

また、三つの地域の比較から、一つ興味深い問題が浮かび上がる。永禄一一年（一五六八）に起きた一連の事件から、菅浦の村人に浅井井伴と被官関係を結ぼうとする動きがあったことがうかがえるが、被官化の現象は各地で起きており戦国期固有のものと考えられる。しかし、菅浦惣中は壁書を作成し、被官化したと推測される村人に座抜きの処罰を与えて、その動きに歯止めをかけようとする。それは、惣中が浅井井伴に誓約書を提出したことに象徴されるように、被官化によって大名の論理が村に持ち込まれ、長年かけて形成されてきた村の慣習や秩序が揺り動かされたことから、被官化の動きに警戒感を抱いたためであろう。一方、西浦地域と口野地域においては、衆としてあるいは個別にという相違は見られるが、被官化を郷として規制する動きは見られない。これも、自治的・自律的な村落共同体が均一的に成立していないことを裏づける。

以上明らかにした三つの地域の相違は、戦国期の村の多様性、さらにそれに影響を受けた大名権力の支配方式の多様性を示している。

本書では、戦国期の村の多様性を強調するものの、他面でこの時期において、地域を問わず見られる百姓の成長を否定するわけではない。池上氏は、武蔵国白子上郷の百姓衆が領主の小河出雲守に日損・風損の訴言を言上する際に取った行動を明らかにしたが、百姓衆は小河出雲守が応じない現実に直面して、高麗丹波守を仲介に頼むという方法を取った(9)。結局、丹波守の斡旋で、出雲守が折れて減免することになったという(10)。白子上郷の百姓衆の行動は、第二部第二章で明らかにした菅浦の行動を思い出させる。菅浦も浅井氏の家臣を仲介に頼んで、中村氏に借銭の一部の免除を認めてもらうことに成功したのである。

ただし、こうした類似性は前述したように、この時期における百姓の成長と評価したいが、これをもって、白子上郷も菅浦と同じような自治組織が成立しているとただちに判断することはできない。池上氏は、北条領国に見られる「百姓中」とは、惣村的結合ではなく、各小村である程度自立的な経営をする経営体の代表からなるものと見ればよいのではないかと判断しているが、[11]筆者は郷村の小代官と土豪層代官の検討を通じて、「郷請」における土豪層が果たす役割が大きいと考えている。

また、大名権力の支配方式については、身分上昇の願望を持つ土豪層を利用して、「郷請」や郷村の小代官と土豪層代官といった村落支配政策を作り上げた北条氏と、菅浦の地下請と年貢収取の方法をそのまま認める浅井氏との間には、大きな相違があるといえる。ただし、菅浦は比較的にフラットな村落構成を持つ惣村であり、畿内近国の惣村には、そのほかに地侍主導型の村も存在している。そうした村に対して、領主権力の支配がどのように展開していったのかも検討する必要があると思われる。今後の課題の一つとしたい。

ここで一つ興味深い事例として取り上げたいのは、深谷幸治氏が研究した、織豊政権期近江の在地支配における「下代」である。[12]深谷氏は近江国に見られる「下代」に注目して、「下代」の存在形態、それが果たす機能、織豊政権の在地支配における意義を中心に検討した上で、北条領国の「小代官」や江戸時代の「手代」との比較も行った。「下代」は在地の「侍分」の出自が多いという点から見れば、階層的には北条領国の郷村の小代官や土豪層代官と共通しているといえる。しかし一方、「下代」は代官・給人の下にいる存在である点を見れば、制度的には郷村の小代官とも土豪層代官とも位置が異なり、むしろ代官の下にいる小代官に近似すると思われる。[13]また、「下代」が果たす機能は年貢・公事の徴収・管理、諸行政事務の執行、在地村落間紛争の調停・仲介また百姓の行動規制、貸借・利殖

等経済活動の主体と多岐にわたるが、郷村の小代官と重なるところもあるし、代官（土豪層代官も含む）、および代官の仕事を代行する小代官と重なる部分もあるといえよう。

近江の村落は惣という自治組織を持つものが多く、織豊政権が直轄領において地侍を「下代」に起用するのは興味深い事例といえよう。深谷氏は、織豊政権期の近江在地支配は、在地「侍分」階層を媒介にした間接的支配に近いものと判断しているが、そこには地侍を村落のたんなる一員ととらえる傾向があるのではないかと考える。より重要なのは、その地侍層はなぜ「下代」という役職を受け入れたのかという問題の追究であろう。すなわち、彼らは必ずしも村落共同体の利益のために行動するわけではなく、彼らの独自の動向こそ追究する必要があると思われる。

在地の土豪層、地侍層という中間層を積極的に村落支配に取り入れようとすることから、戦国大名北条氏とその後の織豊政権との間に共通点が見出せるが、その背景には、この時期において、中間層の被官化が広汎に存在したことがあげられる。一方、「下代」と郷村の小代官、土豪層代官とが制度的にところどころ異なることからうかがえるように、具体的な政策の展開は、それぞれの政治状況、在地状況に合わせて行う必要があったと考えられる。

以上のように、村落支配政策において戦国大名北条氏とその後の織豊政権の共通点を見出すことが可能であるが、だからといって中世と近世の移行を連続的にのみとらえるのは一面的にすぎないであろう。というのは村落と領主権力との関係には、中世と近世との間で断絶が見られるからである。すなわち、戦国大名北条氏は兵農分離の政策を取らなかったのに対して、その後の織豊政権、徳川政権には兵農分離の政策が確かに存在する(14)。それによって在地領主制が体制的に否定されると同時に、中間層も被官化の道を絶たれて、地域社会における支配身分的地位を失っていく。多様な様相を有していた中世後期の村落は、幕藩権力によって一律に村請制村落として編成替えされたと展望できる。

したがって、戦国大名から統一権力・幕藩権力の確立へという中近世の移行の中で、村落と領主権力との関係がどう変化したかをさらに検討していかなければならないと考える(15)。

近年、久留島典子氏は「古代や中世・近世の固有性、あるいは時代の文脈のなかで村落の流動性・多様性を解釈する試みも重要だが、通時的・静態的ともいえる要素を発見する視角も必要であり、二者択一ではない」と主張している(16)。確かに、この二つの試みは二者択一ではないであろう。しかし、村落論は後者の論点のみ強調しすぎてきたとはいえないだろうか。各時代の固有性を捨象して村の「通時的・静態的」な要素のみを見出すことははたして可能であろうか。

筆者は後者の発見は前者の検討を踏まえてなされるべきであると考える。今後、地域を広げ個別研究を通じて戦国期における村落と領主権力との関係の考察を深めたい。さらに、近世への移行の中で両者の関係がどのように展開したかという問題を、移行期村落論が強調する連続面だけではなく、変化面も重視して、総体的に検討を進めていきたい。

註

(1) 久留島典子「中世後期の社会動向―荘園制と村町制―」(『日本史研究』五七二号、二〇一〇年)五五頁。

(2) 池享「大名領国制研究の視角」(『大名領国制の研究』校倉書房、一九九五年)三二~三四頁。

(3) 永原慶二氏は植松氏の拠点を尾高と推測している(「大名領国制下の農民支配原則」〈『戦国期の政治経済構造』岩波書店、一九九七年、初出一九七六年〉)。

(4) 『沼津市史』史料編古代・中世の中世三一二号(以下、『沼津市史』史料編古代・中世を『沼』と略し、「中世」のうちの史料番号を示す)、植松文書。

(5) 『沼』六八四号、長浜大川文書。

(6) 池上裕子氏は「郷の住人の被官化は、郷の秩序、負担のあり方等々に大きな改変をもたらした」(「中近世移行期を考える―村落論を中心に―」『日本中近世移行期論』校倉書房、二〇一二年、初出二〇〇九年、五〇頁）と指摘するが、筆者は西浦地域と口野地域の比較から、被官化により郷の秩序に与えた変化は口野地域のほうが大きいと考える。これは領主権力による被官化は上から一律ではなく、在地の秩序に依拠しながら行われるためと考えられる。

（7）前掲註(6)池上論文四一～四六頁。なお、「北谷之郷代官」が誰を指すか池上氏は明言していないが、土豪飯塚氏の可能性が高いと考えられる。

（8）『沼』補七八八号（菊地浩幸「『沼津市史　史料編』中世編　補遺（続）」〈『沼津市史研究』一四号、二〇〇五年〉）、長浜大川文書。以下、『沼』補と略し、史料番号を示す。

（9）小河出雲守判物写、『戦国遺文後北条氏編』（杉山博・下山治久編、東京堂出版。以下、『戦』と略し、文書番号を付記する）四一〇〇号、新編武蔵国風土記稿新座郡六。

（10）池上裕子「中・近世移行期を考える」（『駒澤大学大学院史学論集』四二号、二〇一二年）一二頁。

（11）前掲註(10)池上論文一三頁。

（12）深谷幸治「織豊政権期近江の在地支配と『下代』」（『戦国織豊期の在地支配と村落』校倉書房、二〇〇三年、初出一九九二年）。

（13）深谷氏は「下代」を北条領国の「小代官」と比較する際に、先行研究を主に参考にしているが、北条領国に二類型の小代官が存在することを議論の前提にはしていない。なお、「下代」が属地性と属人性といった二面を持つのに対して、北条領国における代官の下にいる「小代官」は、「誰々代官代」との表記から属人性のほうが強いと考えられる。

（14）兵農分離と石高制についての研究史と近年の議論状況は、平井上総「兵農分離政策論の現在」（『歴史評論』七五五号、二〇一三年）、牧原成征「兵農分離と石高制」（『岩波講座　日本歴史第10巻　近世Ⅰ』岩波書店、二〇一四年）を参照されたい。

（15）たとえば、郷村の小代官は一見して江戸時代の村役人庄屋に似ているように見えるかもしれないが、兵農分離など政治的変革によって、地侍の存在形態が大きく変わったという背景があり、両者を同質にはとらえられないであろう。また、直轄領の支配制度の構築が、戦国期から近世にかけて、兵農分離などの政策をともないつつどう展開、変化していったのかは、村落と領主権力との関係の展開を考える上で一つの切口になるのではないかと考える。

（16）前掲註(1)久留島論文五四～五五頁を参照されたい。

あとがき

「日本中世史」と出会ったのは大学四年生の時であった。一九九〇年代後半は、中国の改革開放が進んで外国語の専攻が人気となり、私は華東師範大学の日本語専攻に入学した。四年間はほとんど日本語の学習に没頭していたが、そのうち言語学や文学より歴史や文化の方面に自分としては興味があることに気づき、そのため、卒業論文は、中国の歴史に見られなかった日本の武士階級をテーマにした。しかし、その頃は学部に、指導にあたる日本史専門の先生がおられないという状況だった。幸いに、当時「外国人専家」として、華東師範大学日本語学部に赴任していた一橋大学名誉教授の川口智久先生が、一橋大学大学院経済学研究科の池享先生に連絡して、私を紹介してくださった。池先生はまったく面識がない中国人の学生の私に、日本中世史の本を何冊も郵送されて、また川口先生を通していろいろ助言をしてくださった。

しかし、私はその後すぐに日本中世史研究の道に進んだわけではない。日本文化を専攻して大学院を修了した後、上海市の対外貿易大学に就職し、一度は日本語教育の現場に立ったのだが、二〇〇四年に研修の機会を得て京都の龍谷大学に籍を置いた時期、言語学に興味がわかないことを改めて認識するようになり、日本中世史の世界に入ろうとする気持を強く持つようになった。一方でこの世界の厳しさを思い、自分に可能なのかどうか悩んでいた。そこで池先生に相談したところ、先生は、やる気があれば壁は何とか乗り越えられると励ましてくださった。また、私の状況を考慮して、改めて修士課程からやり直したほうがいいと助言してくださった。その言葉に大きな勇気を得て、一橋大学大学院経済学研究科を志望し、外国人選考に合格して「池ゼミ」の一員になることができた。

当時の「池ゼミ」は、菊池浩幸・川戸貴史・糟谷幸裕・藤井崇・竹井英文氏らの先輩・同期生をはじめ他大学からも多くの参加者がいて、活気溢れるゼミであった。報告をめぐって活発に議論を交える場面を見たことは、ゼミ経験が少なかった私には大きな刺激となった。しかし、私はあまりにも専門知識がなさすぎたため、はじめのうち研究課題がなかなか決まらなかった。私のそのような状況を見て、池先生は、学部のゼミにも出て日本通史などの研究著作の輪読に参加してみたらどうかと助言してくださった。その後、両方のゼミに出るようになって、専門知識が蓄積されると同時に、問題関心も少しずつ戦国期の村落や土豪層といった問題に絞られるようになっていった。ちょうどその頃、池先生が編纂に携わられた『沼津市史』の通史編と史料編が刊行されたので、研究対象は沼津周辺の村落に絞ることにした。

だが、私の前には新たな課題が出てきた。日本中世の史料は「変体漢文」という独特な文章で綴られるので、中国人の私にとっては漢字が読めても意味はほとんど理解できなかった。その際、先輩の菊池さんが手を差し伸べてくれて史料の読み方を丁寧に教えてくださった。このようにして、修士論文の段階では、戦国大名北条氏支配下の伊豆国西浦地域と駿河国口野地域を研究対象とし、大学院のゼミでの何回かの報告を通じて論文の骨格が固まり、無事に修士論文を提出することができた。

博士課程に入ってからは、地域を広げてテーマをさらに深めていく必要があると考え、畿内とその周辺の村落に目を向けた。そこで、池先生や先輩諸氏の意見を参考に、史料と先行研究が豊富な近江国の菅浦を研究対象に加えることにした。しかし、修士段階で蓄積してきた知識では、菅浦文書の解読に対応できなかったため、菊池さんは改めて菅浦文書の輪読会を開いてくださった。このように、史料読みと先行研究の読み込みを通じて、少しずつ次の段階のテーマが固まっていった。最初は小さな問題点を中心に論文を書こうと思っていたところ、池先生から、審査がつく学術雑誌への投稿を目指して、もっとスケールが大きい論文を書くようにと背中を押されて、菅浦関係の最初の論文の執筆にとりかかった。完成した論文「戦国期菅浦における領主支配の変遷」を雑誌『日本歴史』に投稿したが、自信はまったくなく、投稿から一年以上たって、採用の葉書をいただいた時のうれしさはいまでも鮮明である。もし、先生が背中を押してくださらなかったら、留学生の身分に甘えてそのまま博士論文を提出することで終わっていたと思う。その後の復旦大学歴史学部への就職も、投稿論文が評価されたことが大きかったので、池先生には感謝してもしきれない思いである。

博士課程では、池上裕子先生が成蹊大学で開かれていた院のゼミにも参加させていただき、大変お世話になった。『戦国遺文後北条氏編』を中心に、参加者が分担して報告する形式だったが、難解なところは池上先生が丁寧に指導してくださった。そこでの勉強と議論を通じて、北条氏関係史料だけでなく、北条氏に関する全体的な研究状況に関しても前より詳しくなり、修士論文で扱った北条氏関係の議論をさらに展開させることができた。

このほかにも、さまざまな方々に大変お世話になっている。復旦大学に就職して三年目の二〇一五年に海外研修の機会を得、これを利用して博士論文の内容をさらに深め充実させようと思い、私は再度一橋大学の門をたたくことにした。池先生が定年になられたため、代わりに大学院社会学研究科の渡辺尚志先生が私を受け入れてくださったので、渡辺先生の講義とゼミに出させていただき、近世村落史についていろいろと勉強を重ね、視野を広げることができた。そのほかに、翌年にかけての一年は、木村茂光先生の中央大学のゼミや、「池ゼミ」で共に学んだ松園潤一朗さんが一橋大学法学部で開かれていた講義とゼミにも参加させていただき、再び中世史研究の世界に戻り、充実した日々を過ごすことができた。

本書は、二〇一二年三月に一橋大学より博士（経済学）を授与された学位論文「戦国期の村落と領主制支配」（主査は池享先生、副査は江夏由樹、大月康弘、高柳友彦、渡辺尚志各先生）をもとに、再構成して一書としたものである。また、本書には二〇一五年度中国国家社科基金一般項目「社会史視野下的日本中世村落研究」（番号：一五BSS〇一七）による研究成果の一部が含まれている。

本書の刊行にあたっては、復旦大学歴史学部と復旦大学亜洲研究中心より多額の出版助成があった。歴史学部は、若手教師の成長のために海外研修や研究費の提供などいろいろな面において整った研究環境を提供しており、私がここに就職できたのはとても幸運なことであった。

また、出版をとりまく状況が厳しい中、拙稿の刊行を引き受けていただいた吉川弘文館に感謝を申し上げたい。

このように振り返ってみると、数多くの方々との出会いと機会に恵まれて、日本で著書を出すことができた。紙幅の都合により、お世話になったすべての方々のお名前を出すことはできなかったが、何卒ご寛恕いただきたい。

自分の研究はまだまだ未熟なものであり、反省すべきところもたくさんある。本書刊行を機に、新たな課題を見つけて立ち向かい、今後中国の日本中世史研究の発展に少しでも貢献できるよう努力したいと思う。

私が長年の留学生活を無事に送れたのは、川口智久・岱子ご夫妻、外池佑价・眞喜子ご夫妻、小阪文子氏等日本の方々が手厚いサポートをしてくださったおかげである。私は娘のようにかわいがってもらい、生活上も精神的にも大変な援助をいただいて、彼等は私にとっては家族のような存在である。別して感謝を申し上げたい。本書の校正作業にも、外池佑价先生と小阪文子氏には多大なご協力をいただいた。

また、学部生の時から大変お世話になっている陸留弟先生にも感謝を申し上げたい。最初の就職先の対外貿易大学を紹介していただいた上、辞職と留学を告げた際に、先生は私の決意をすぐに理解し大学との交渉に協力してくださったのは有難いことであった。

最後に、これまでいつも私の選択を尊重し支えてきてくれた両親と妹、同じ研究者として理解と励ましにより私を力づけてくれる夫徐沖に感謝したい。

二〇一七年一二月

銭　静　怡

初出一覧

序章　研究史の整理と本書の課題（新稿）

第一部

第一章　戦国大名北条氏の西浦地域支配―小代官の再検討を手がかりに―（『沼津市史研究』一八号、二〇〇九年）

第二章　戦国大名北条氏の郷村支配と「小代官」（『歴史評論』八〇三号、二〇一七年）

第三章　戦国大名北条氏の口野地域支配―土豪層代官への視点―（『東亜歴史文化研究』第五巻、二〇一四年）

第四章　戦国大名北条氏の郷村支配と土豪層―「郷請」の実態を考える―（新稿）

第二部

第一章　戦国期菅浦における領主支配の変遷―年貢・公事銭請取状の分析を通じて―（『日本歴史』七五七号、二〇一一年）

第二章　戦国期における菅浦の借銭問題―天文年間の借銭事例の再検討を中心に―（池享編『室町戦国期の社会構造』吉川弘文館、二〇一〇年）

第三章　戦国大名浅井氏の菅浦支配（『歴史評論』七四一号、二〇一二年）

終章　総括と展望（新稿）

＊既発表論文については、必要に応じて加筆・修正・改稿している。

索　　引

Ⅰ 事　　項

あ　行

か　行

さ　行

た　行

な　行

は　行

ま　行

ら　行

Ⅱ 地　名

あ　行

か　行

さ　行

た　行

な　行

は　行

ま　行

Ⅲ 人 名

あ 行

か 行

さ 行

た　行

な　行

は　行

ま　行

や　行

ら　行

著者略歴

一九七七年　中国江蘇省無錫市に生まれる
二〇〇〇年　中国華東師範大学外国語学院日本語学部卒業
二〇一二年　一橋大学大学院経済学研究科博士後期課程修了、博士（経済学）
現　在　中国復旦大学歴史学部専任講師

戦国期の村落と領主権力

二〇一八年（平成三十）三月一日　第一刷発行

著　者　銭《せん》静《せい》怡《い》

発行者　吉川道郎

発行所　株式会社 吉川弘文館
郵便番号一一三―〇〇三三
東京都文京区本郷七丁目二番八号
電話〇三―三八一三―九一五一〈代〉
振替口座〇〇一〇〇―五―二四四番
http://www.yoshikawa-k.co.jp/

印刷＝株式会社 三秀舎
製本＝誠製本株式会社
装幀＝山崎　登

ISBN978-4-642-02944-5